新大霊界シリーズ──②

神秘力の真実

超神霊エネルギーの奇蹟

隈本正二郎
Kumamoto Shojiro

展望社

はじめに

約三十年にわたって、神霊学の研究を続けてきた私の常日ごろの霊に関する随想をまとめた前著「神と霊の力――神霊を活用して人生の勝者となる」は、過分な好評をいただきました。あらためて、読者諸兄姉にあつく御礼申し上げます。

霊学の研究を始めた当初より、霊というものは、私たちと共にあり、私たちの暮らしをサポートし、幸せにしてくれるものだという考え方を持っておりました。私のその想いをさまざまな事例を挙げて説明させていただいたのが前著です。

前著においては、終始、霊とは恐ろしいものでもないし、人間界と無縁のものでもなく、私たちの人生を豊かにしてくれるやさしいパートナーであるというスタンスで筆をすすめました。その私の立場を多くの読者より支持していただき、版を重ねることもできました。

ここに第二弾の本書を刊行させていただきました。テーマは書名にあるとおりで、神秘のエネルギーの真実と検証です。

私たちが神霊（心霊）と関わる場合、常識では判断できない神や霊のお陰、すなわち神秘のエネルギーをいただいております。難病、重病の病気が神霊治療や神霊への必死の祈りで治癒するのは、神霊よりいただく神秘のエネルギーによるものです。

医薬によって治らなかった難病や重病が治ったのは、偶然でも、まぐれでもないのです。それは神霊のエネルギーがヒーリングパワーとなって病根を除いて治癒したのです。まさに偉大な神と霊の力ですが、このヒーリングエネルギーは、いまだに科学的に実証されておりません。この時点では、この奇蹟は「神秘力」と呼ぶしかないのです。

神霊治療のみならず、この世には不思議なエネルギーがもたらす驚きの事実がたくさんございます。その一つが霊魂とのコンタクトによる霊言です。

私も何度も霊魂との交霊を行い、また、親しい故人より霊界通信などをいただきました。このような事実も神秘現象の一つと言えるかもしれません。本書においては、日本神霊学研究会の初代会長隈本確（聖の神霊位）の遺言や、初代より送られてきた霊界通信なども紹介させていただきました。それもまた一つの厳粛なる神秘の真実として受け止めていただきたいものです。

私たちは多くの神秘現象によって救われ、導かれ、幸せや生きる力をいただいております。その事実をしっかりと受け止め、明日への霊的生活に活用していくことが大霊界を生き抜く私たちの知恵です。

神秘現象を単に不思議な出来事として見過ごすのではなく、神秘の力によって与えられた感動を生きる活力に転化し、偉大な神霊に対しては謙虚に祈りを捧げるということが大切なことです。

本書も前著同様、執筆のスタンスは、読んでためになり、読んで楽しい霊界エッセイとなるように心がけました。

皆さまのよりよい明日と、あなたの守護神・守護霊さまのお力がますます強くなられますようお祈りしております。

合掌・浄霊

平成二十八年三月吉日

著者　隈本正二郎しるす

神秘力の真実
——超神霊エネルギーの奇蹟——

目次

part.2

現代的神霊治療の考え方

part.3

初代隈本確の遺言の抜粋

――神となった初代会長が会員に遺《のこ》した想い

part.4 念力と霊力の驚異の神秘力

part.5

神霊にすがって神秘力をいただく
――健康と運勢の強化法

part.6

霊のとっておきおもしろ雑話
――動物霊から水子霊まで試論と私論

part.7

死の真相と死後の世界

プロローグ

眼に見えないものが持つ不思議な力

この世で体験する数限り無い神秘現象

私たちは意識するしないは別として、たくさんの神秘現象に出会っているのです。神秘現象というのは、常識では考えられない出来事のことです。常識で判断できないことは、私たちは、多くの場合、偶然に起こった現象と考えるのが普通です。

この世にある不思議な現象は、超神霊、霊の力、悪霊などの仕業によって起こります。もちろん偶然に起こることもあります。偶然まで入れますと四つの理由によって神秘現象は起こります。

偶然に起こる神秘現象は、気象によって起こることもあります。オーロラなどは気象の現象ですので、どんなに神秘的に見えても、科学の力で神秘の原因を解明することは可能です。科学で解明できる神秘現象は神秘に見えても真の神秘現象ではありません。

しかし、気象や物理によって解明できる神秘現象であっても、その時点で科学的に解明が不明であれば、それは神秘の現象と言ってもよいでしょう。

現在の神霊（心霊）現象や超能力現象も、現在では神秘的な現象と考えられています。しかし、やがて科学的にそのエネルギーの質が明らかにされるかもしれません。そのときは、神霊（心霊）現象は、もはや神秘現象ではありません。しかし現在は、いまだに神霊（心霊）現象は、科学的に解明されておりませんので、神秘的現象と考えられています。昔、真言宗の宗祖である弘法大師（空海）が農民に乞われて水の湧く場所を教えました。空海が錫杖《しゃくじょう》でとんとんと地面を突いて水の湧く場所を教えました。空海が錫杖で突いたところを掘ってみるとこんこんと水が湧き出ました。農民たちは空海の偉大な力に感動し、釈迦の化身として崇めました。当時はこの現象を空海の超能力による神秘現象と考えられていました。実は空海は、地下に水脈があることを地質学的に知っていたのかもしれません。現在は科学的に水脈を探すことは容易ですが、当時にすれば、空海が水脈を探り当てたのは、偉大な神秘現象だったのです。

私たちはある程度まで科学の偉大な力で物事を解決しようとします。しかし、科学の力をもってしても解決できないことがこの世にはまだまだたくさんあります。そのときに私たちは神秘の力にすがろうとします。すがろうとしないまでも期待をします。

みなさんが、初詣でに出かけたり、神社仏閣に祈願をするのは、神秘の力を期待してのことです。中には気休めのお参りをする人もいないではありませんが、多くの人は神仏の加護や御利益を願って神社仏閣にお参りをするわけです。

この世には確かに眼には見えないが、私たちの願いを聞き届けてくれる神秘の力が存在することを心のどこかで私たちは信じているのです。そのことは何人《なんぴと》も否定できないはずです。

「困った時の神頼み」ということわざがあります。通常は神仏に対して不信心の人が、人生のある局面で追い詰められたり、危機に立たされたときに思わず手を合わせて神に祈るというのがことわざの意味です。人間の力でどうにもならないとき、無意識にすがるのは神仏の力、すなわち神秘の力です。

例えば、日照りばかりが続いているときの農民は、神に雨乞いの祈りを捧げます。祈り切って、神に雨を降らしてもらうことを願うのです。そのとき雨が降ったとしましょう。農民たちは歓喜します。その雨は、神霊が祈りに応えたのです。

ところが現代人は、雨が降ったのは偶然だと判断します。あるいは、気象予報の科学の進歩で、雨は降るべくして降ったと判断します。私は神秘の力を信じていますので、雨乞いの祈りに神霊は応えたのだと考えたいと思います。天気予報も百パーセント的中するとは限りません。雨が降ったのは神霊が祈りに応えたのだと考えたいと思います。

伊豆大島の活火山三原山に大噴火があったことを覚えている人はたくさんいらっしゃると思います。御神火と呼ばれて住人に親しまれてきた三原山は大爆発して真っ赤な溶岩を吹き上げました。どろどろの溶岩が山肌を伝って人家のある山麓に流れていきました。日夜、溶岩は流れていき、島の墓地に迫っていきました。多くの島民は自然の猛威に恐れを抱き、島外に避難しました。

やっと噴火がおさまり、避難していた人たちは島に戻ってきました。戻った島民たちは、岡の上の墓地はどうなっただろうかと、家に戻るや否や、すぐに墓地に向かいました。

墓地に来て島民たちは思わず感動の声をあげました。怒濤の如く流れ下っていた溶岩流が墓地の手前五十メートルくらいのところで不自然な形でとどまっていたのです。

周囲の林を焼き払い炎の固まりとなって流れ下っていた溶岩流が、墓地の手前で停止したのです。そのとき、島民たちは墓地に眠る先祖の霊たちがその奇蹟を起こしたのだと確信しました。

私も後日、伊豆大島に出向き、この目でその奇蹟の事実を目の当りにしました。まさに驚きの光景でした。黒く固まった溶岩流が墓地の手前で塞《せ》き止められているのです。そのまま流れていけば当然ながら墓地は壊滅です。ところが溶岩流は墓地に襲いかかることなく、塞き止められ、黒く固まってしまったのです。

当然ながら、島の人たちは驚きと喜びの声をあげました。

「ご先祖さんたちの霊が溶岩流を塞き止めた」と口々に語ります。

神秘力を信じない多くの現代人は、それは偶然だと考えるかもしれません。私は素朴に神秘の力を信じます。

怒濤の如くものすごい勢いで流れてくる溶岩流を神霊と心霊の偉大な力でとどめたのです。強大な自然現象も、ある場合は、このように神秘の力で左右することができるということです。それゆえにこのような現象は奇蹟であり、神秘なのです。

それなら、いっそのこと神秘の力で「噴火を止めることはできないか？」という無理なことを言って反論をする人もいます。神霊も心霊も、自然の現象をねじ曲げるようなことはしません。自然現象はすべて、それこそが造物主（素の神）の意思だからです。

花が咲き、花が散り、実がみのり、ものみな枯れて土に帰るというのは神の意思によって行われている営みなのです。地球が自転し公転するというのは神の意思です。朝が来て夜が来るという神の意思にだれも逆らうことはできません。春が来て冬が来るという春夏秋冬は神の意思です。噴火も神の意思による自然の営みです。その大自然の摂理をねじ曲げるということはだれにもできません。

しかし、そのことによって人間に危害が及ぶときは、神霊（心霊）は守護のエネルギーを発揮します。それが神秘力のひとつの現象ということです。噴火が起こったのは神の意思ですが、溶岩流はもはや神の意思によるものではありません。だから神霊のエネルギーによって危機を回避することができたのです。

日神会の会員のKさんは、激しい豪雨で土砂災害に見舞われました。不気味な地響きがして、家が揺れています。土石流が迫ってくるのを感じ、もはや自分の生涯もこれまでだと観念しました。タンスの上に飾っていた「聖の神」の御守りを胸に抱いて、必死に祈りを捧げたのです。

不思議なことに、地響きが止み、家の揺れが小さくなりました。祈り続けて数時間、白々と夜が明けていきました。Kさんが恐る恐る裏口に出てみると、驚いたことに、土石流はKさんの家の二十メートルばかり手前で考えられない方向に流れを変えていたのです。

地形的に流れの方向が変わるのは当然のことだったとみんなは言いましたが、Ｋさんは、「聖の神」の神秘力だと信じています。

宗教を起こした偉大な宗祖には数々の神秘現象の伝説が伝えられています。例えば火災に遭ったときに一心に祈ったら、火勢が突然逆の方向に向いて一命が助けられたというようなことです。またあるときは、濁流にのみこまれた人が一心不乱に神に祈ったら、突然目の前に大木が流れてきてそれにつかまって一命を取り留めたというような話です。そのような神秘力による救済の話は、多数語り継がれています。そのような奇蹟によって人命が救助されたということをあなたが信じるか否かです。

火勢が逆になったのは偶然に風向きが変わったからだと考えることもできます。濁流にのみこまれた人の前に大木が流れてきたのは、水流の加減で偶然に大木が目の前に近づいただけだと考えることもできます。Ｋさんの自宅の手前で土石流の方向が変わったということを、当然と考えるか、神秘と考えるかということです。

危機を救われたのは、神秘力か、それとも偶然か、ということです。信心深い人は、自分が救われたのは神霊（心霊）による加護力の奇蹟だと考えます。奇蹟か偶然か？　どちらを支持するかは各自の自由です。しかし危機一髪の奇蹟の人命救助は、単に偶然だと考える人は、おそらくその人の生涯に、神秘の加護が及ぶことはないでしょう。

祈りのエネルギーがもたらす奇蹟

日本には願掛けという風習があります。大願成就を願って神仏に何事かを約束して、願いをかなえてもらうわけです。このようなことを約束しますから、それに引き換えて、私の願いを聞き届けてくださいと祈るのが「願掛け」です。

神仏に約束する内容はいろいろあります。例えば、自分にとっては、肉体的苦痛であったり、精神的苦痛であることを、実行することなども約束の一つです。つらいことを行うことで、神仏に自分の願いをかなえてもらうことです。約束の内容が本人にとってつらければつらいほど願掛けの効果が大きいということになります。

一例をあげれば、水ごりをして神仏に祈るという方法もあります。水ごりは、祈りのときに心身を凍らすような水をかぶって神仏に祈るわけです。つらい思いをして祈ることで自分の願いをかなえてもらうわけです。願掛けのための水ごりですから、暑い夏に気持ちのいい水をかぶって祈っても効果は半減します。

「満願の日まで水ごりを続けますので、何とぞ私の願いを聞き届けてください」と必死になって神仏に祈るのです。

願掛けにはいろいろな方法があります。何も水ごりだけではありません。滝に打たれて神仏にコンタクトを取るという方法もあります。滝に打たれるのは願掛けというより修行のための場合が多いのですが、中には願掛けの手段として滝行を行うこともあります。

願掛けの方法として有名なのは「お百度参り」です。現代でもその風習を残している神社があります。

お百度を踏むというのは、願を掛ける神社や仏閣に一定の場所から、百回の往復して願いの筋を訴えるという祈願法です。

百回の往復というのは一つの区切りであり、実際は数が決められているというわけではありません。何度もくり返して祈りを捧げるというところにポイントがあります。お百度参りは、百回もくり返し往来して神仏に祈り、願いの筋を届けるということです。

一定の場所ということは、特別に決まりはありませんが、一般的に行われているのは神社なら入口の鳥居から本殿前までの往復であり、仏閣なら山門から本堂の前までの往復です。この距離は、例えば、自宅から神殿まで、一日二往復の五十日間という願掛けの方法

はげしい祈りのエネルギーは
神霊に届き、奇蹟をもたらす
滝行
得度・お行
お百度参り
子を想う
母の祈り

もあるわけです。一日一往復の百日間のお百度でもよいわけです。とにかく、必死に祈っている真心が神霊に伝わることが大切なわけです。自宅からのお百度参りにタクシーを使ったり、自家用車を使ったのでは意味がありません。いかに、わが身を苦しめて祈ったかということが大切なのです。これほどわが身を酷使して、一心不乱にお祈りしているのですから、どうか願いをかなえてくださいというわけです。

自分に苛酷な努力を強いて神仏に祈りを捧げるということがポイントですから、自分がつらく思えれば思えるほど願掛けとしては効果があがります。

そんな思惑から「好物断ち」の願掛けもあります。自分の好きなものを断つことで、神仏に強烈な願いを認めてもらおうということです。昔の願掛けに、お茶を断ったり酒を断ったりするのは一般的でした。

江戸時代には、どんな苛酷な旅でも駕籠や馬に乗らないというような願掛けもありました。博打をしない。女を抱かないというような誓いを立てた願掛けもありました。

私がここで、くどくどと願掛けのあれこれについて語っているのは、願掛けの歴史的知識を皆さんに知ってもらいたいということではありません。祈る人の、祈りのエネルギーを神霊に届ける各自のハートのあり方について述べたかったのです。

神霊に願いの筋を受け止めてもらうなら、願掛けのような真剣な祈りを捧げなければならないということを言いたかったのです。悲願成就の祈りを捧げるのに、心ここにあらずであったり、いい加減な態度であったりしてはなりません。

私たちの守護神「聖の神」に、何かを願って祈りを捧げる場合も、基本的には同じです。願いの筋を受け止めてもらうために、願掛けと同じように神霊に対して激しく真摯な祈りを捧げなければなりません。願いをかなえるためには、古来の願掛けのように、くり返しくり返し激しい祈りのエネルギーを送り届けるということが大切なのです。

強烈な祈りのエネルギーに神霊は感応し、必ずやその祈りを受け止めてくれます。祈りの結果に疑問を抱いてはなりません。必ず成就することを信じて祈り続けることが奇蹟を呼ぶことになるのです。

奇蹟の物語を読者にお届けしましょう。この物語は、日神会の敬虔な会員であるT子さんの実体験です。

T子さんが日神会の東京聖地に入会したのは、ガンで余命一年の宣告を受けたからです。T子さんは何としても、余命を一年以上に延ばしたかったのです。

T子さんには、幼稚園に通っている一人息子のA雄くんがいました。A雄くんは二年後に小学校に入学します。T子さんはせめて、息子が小学校に入学するまで、自分の命を二年間だけ生かしてほしいという願いを持って日神会にすがったのです。

T子さんのガンは運命的にガンの因縁を背負っていて発病したものです。しかし、浄霊することで、守護霊の活力を増大して、生命力を強くすることはできるのです。ひたむきに聖の神におすがりしてみることは、あるいはT子さんの延命につながるかもしれないと私は考えたのです。T子さんはしっかりした口調で言いました。

「現代の医学でできる限りの処置はしました。それで余命一年だと宣告を受けました。科学の全てをかけても私の命には限界があるのです。後は私に残されているのは神の力だけです。日神会の神霊治療で長年の持病が治ったという人の話を聴いて、私も日神会の聖の神にすがってみようと思ったのです」

二度の手術で、T子さんはものすごく痩せていましたが、口調ははっきりしていました。

私は、T子さんに言いました。

「あなたのガンは霊障ではありません。霊障なら除霊の神霊治療である程度改善の余地がありますが、起こるべくして発症したガンですから、神霊治療で完治というわけにはいきません。ただ、聖の神は偉大なエネルギーを持った守護神です。聖の神にあなたの願いを何が何でも届けましょう。精魂こめて私はあなたの浄霊をさせていただきます。あなたも必死に祈ってください。浄霊と激しい祈りによって、あなたの守護霊が活力を得るかもしれません。それによってあなたの悲願がかなえられ生命力が強くなることが考えられます」

T子さんは私の言葉を一言一句聴きもらさないように身を乗り出して聴いていました。

T子さんは、その日から激しい祈りの日々を持ったのです。

病気のため、東京聖地に足を運ぶのは半月に一度です。後は自宅のベッドの上に座って聖の神の御札に向かって朝晩二回、激しい祈りの時間を持ったのです。まさに、大げさに言えば死に物狂いの祈願だったのです。

我が子のために母は祈り続けたのです。

愛児A雄くんの手を引いて入学式に参列するために、余命一年の母は必死の祈りを捧げたのです。まさに涙ぐましい悲願です。

何としても生き延びたいという強烈な願望がT子さんの生命力をかきたてました。加えて、必死の祈りのエネルギーが神霊に届き、聖の神の生命エネルギーがT子さんに確実に注がれたのです。

T子さんは、相変わらず痩せてはいますが、頬には血色がよみがえり眼には生きようとする意思が光を放っていました。

ガンの進行状態を示すマーカーは良い数字のまま何か月も定着していました。医師はこの不思議な現象に茫然としました。

T子さんは、みごとに悲願を貫き、A雄くんの小学校の入学式に列席することができました。そればかりか、それから十年間、T子さんは生き続けています。ガンは肉体に抱えたままだということですが、進行しないまま共存しているというのです。子供が小学校に入学するまで生きたいと言っていたのに、A雄くんは去年中学に入学しました。T子さんは、A雄くんが高校を卒業するまで生きたいと語りました。

余命一年と言われたガン患者が十年以上も生き続けているということは、いかなる理由によるものでしょうか？　この事実は、何しろ、医学の論理では説明できないのです。関係した医師たちは、せいぜい、T子さんの生きたいというすさまじい執念と意欲がもたらした結果だと考えています。確かにそれも一つの原因には違いありませんが、当然ながら私とT子さんは、神霊の奇蹟の力がT子さんの延命に力を貸してくれたのだと考えています。こうありたいと願って神にすがる祈りの激しい想念が、神霊に届き、神霊はその思いに応えてくれたということです。

この現象を多くの人たちは奇蹟と呼びます。祈りによって現実を変えることができた場合、多くの人は、それは奇蹟的と言います。常識的に考えた場合、実現するはずのないことが起こるのですから、奇蹟と呼ぶのも当然のことです。

究極的に神にすがるということは、この奇蹟を求めてのことです。神霊は必死の思いで送る人間の想念に応えてくれるのです。

このように考えますと、初詣でやお宮参りであっけらかんと手を合わせることはもったいないことです。たとえ、家内安全、商売繁盛の祈りであっても、形式的な祈りではなく、必死の思いを込めて祈りたいものです。

外国では超能力研究に注目と期待

超能力というのは、一種の神秘現象と考えることもできます。通常の耳で聞こえないものが聞こえたり、一般の人には見えないものが見えたりするわけですから、これは一種の超能力現象でありますが、一般の人から見れば、それが神秘的に見えるわけです。

超能力的な現象は、やがて科学的に解明される日が来ると思いますが、解明できていない現実では、それは神秘的に見えるわけです。

世界の発明王であるトーマス・エジソンは「この世界には不明な出来事が多すぎる」と語っています。エジソンは科学的に解明できない事柄の多さを慨嘆《がいたん》したのでしょうが、そのような不可解な現実は、やがていつの日か科学の進歩によって、一つ一つ解明されていくことでしょう。

しかし解明されないまま、永遠に謎のまま、神秘現象として存在し続けるものもあるにちがいありません。

超能力は学問的には超心理学の分野で研究されています。多くの学者によって、念力、透視、予知などが重点的に研究されています。

念力の研究では、念力によって写真原板を感光させる「念写」実験が知られています。念写実験を成功させたといわれるのは、福来友吉博士です。博士は、東京帝国大学（現東京大学）を卒業し、心理学研究室に在席して研究を続けていました。やがて、念写実験に興味を抱き、研究に精魂を傾けました。そして博士は、ついに念写実験を成功させるのです。しかし学会は物理学的に整合性が得られないとして、博士の研究を無視しました。福来博士は、当時の科学者からインチキ呼ばわりをされ、東大の研究室を追われました。

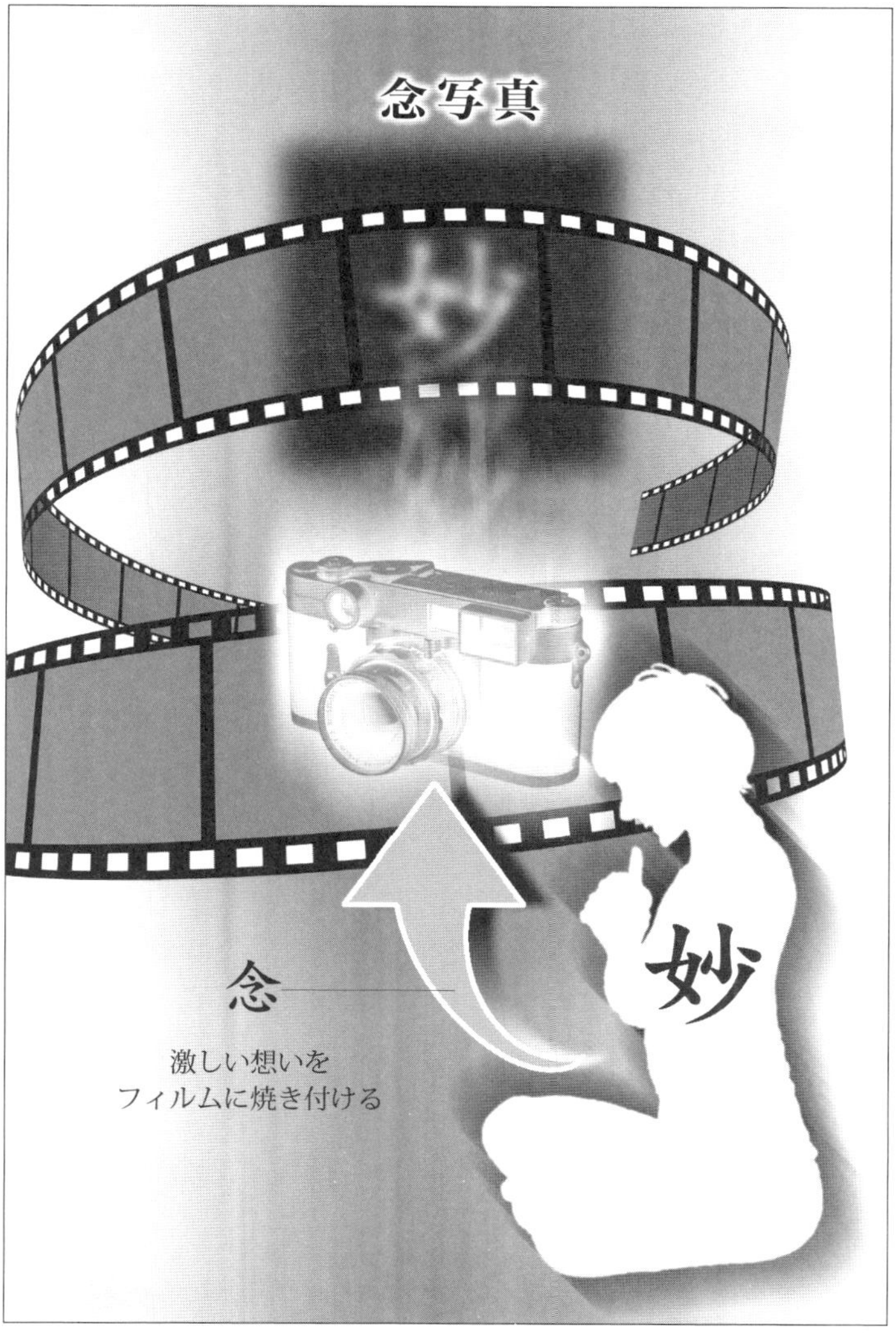
念写真
妙
念
激しい想いを
フィルムに焼き付ける
妙

傷心の身をかこちながら、四国八十八か所の遍路旅に出たり、荒野山での荒行に参加したりしながら学会カムバックをめざしていました。福来博士は密教の神秘現象にも興味を抱き、最後は高野山大学の教授で学者人生を終えています。

実際に福来博士は念写実験において、文字や草花などの念写を成功させています。しかし、いまだに正式に学問として念写の事実は認められてはいません。

余談になりますが、福来博士は念写について次のように語っています。

(1)念写はカメラは必要ではなく、超能力者が乾板（フィルム）に直接、イメージ（念）を映像化できる。
(2)遠隔操作でも念写ができる。
(3)いかなる文字、図形でも念写できる。
(4)一度の念写で複数の乾板（フィルム）に念写できる。
(5)念写は物理的な作用とは一切無関係である。
(6)念写は科学的なものというより神秘の力である。

私が要約したところもありますが、博士は以上のようなことを述べています。実際に超能力者によって念写された写真が現存しています。この念写が事実だとすれば、念のパワーの激しさに驚かされ、かつ、神秘の力の偉大さに今更ながら感心させられるということになります。

ところで、超能力は現代の科学万能社会でどんなふうに扱われているかということですが、これが世界の先進国でもいろいろな形で研究が続けられているのです。

現実に、この超能力の偉大な神秘力を利用しようという試みは、何十年も前からアメリカとロシアで実際に行われています。おそらく他の国々でも密かに研究が続けられているはずです。なぜでしょうか？　その目的は、逆説的に言って、超能力は科学を超える力を持っているということです。

例えば、科学の力でレーダーに映らない飛行機の開発はできます。この飛行機は科学の力でも機影を発見できません。ところが超能力者の眼は誤魔化せないということです。現実に他国が開発している飛行機の形が透視されたという事実は、その当該国によって公表されています。驚いたことに発表された飛行機の形は、超能力者によって透視されていた形に酷似していたのです。

いかに秘密裏に兵器を開発するかということは、二十一世紀の軍事国家では重要な課題です。どんなにすぐれたスパイの眼にもキャッチできないような場所で、兵器開発はしのぎを削っているのです。しかし、どんな壁も透視できる超能力者には、いとも簡単に見破ることができるのです。極論すれば、超能力は科学を超えているということです。

ある国では密かに超能力部隊が編成され、任務に当たっているといわれています。超能力者を集めて、極秘プロジェクトチームが結成され、敵国工場内を透視して兵器開発の実態を知ろうとしているのです。

あるいは、海底深く潜航して近づいてくる敵国のスパイ艦を、超能力部隊にいち早く見破って特殊部隊に連絡して未然に防衛するというわけです。優れた哨戒機でも見破れない潜水艦の存在を超能力者は透視することができるのです。

超能力は次元を超えていますから、その現場に行かなくても透視できるのです。敵国の無線の電波も超能力によってキャッチできます。まさに超能力は神秘の威力を保持しているといってよいでしょう。神秘力はまさに科学の力を超えた偉大なパワーです。

また、欧米では、超能力や霊能力が犯罪捜査でも威力を発揮していることは周知の事実です。行方不明者や遺体の存在、犯行現場など、警察当局が把握できない事柄を、霊能者や超能力者の力を借りて事件を解明しているのです。

未知のパワー、神秘の力が脚光を浴びることは、霊能者の一人として喜ばしいことと思っています。

真の救済は神秘力の発現である

神秘力を発揮できる霊能者や超能力者は、究極的には人間救済のためにこの世に送り込まれた神霊界の使徒です。このことは、前著「神と霊の力」でも述べたとおりです。

人間の救済というのは、病で苦しんでいる人、どん底生活でもがいている人、人生に絶望した人、仕事に行き詰まっている人、人間関係に傷ついている人……、などを苦悩から救いあげることです。

もがき苦しんでいる人たちを救いあげるためにこそ神秘の力を使わなければなりません。霊能力や超能力を軍事利用や犯罪捜査に応用するのは、真の目的からいったら副次的なものです。神秘力の真の目的は、苦しんでいる人類の救済に用いられるべきものです。

犯罪捜査の解明などは間接的な人助けですが、より直接的に人助けのために神秘力は使われなければなりません。一例をあげるなら、神霊治療による病気の改善、浄霊による憑依霊の救済などによって、健康の喜びを味わったり、運勢を強めたり、生きる気力を充実させたり、スキルアップで仕事や芸術の創作に貢献するというようなことを、推進、強化するために神秘力を用いなければなりません。

神秘力は神の偉大さに類似しています。そういう意味で、現実的には相当に難しいと思われることでも、神秘力によって実現可能なのです。人知で計り知れないことを実現するから、成功すれば奇蹟的に見えたり、神秘的に見えたりするのです。「神秘」という言葉に「神」という文字が使われているのはむべなるかなということです。神がもたらすような不思議なことが起こりえること、それが「神秘」なのです。

科学の力、医学の力、人間の能力で解決できるものには、神秘は不要です。多くの場合、私たち現代人は、科学の力、文明の恩恵に浸っていればよいのです。医学の力で病気が治るなら、医学によって病気を治すことが正しいのです。

しかし、医学の力でもどうにもならない病気があります。そのためには、神秘力が必要なのです。奇蹟が必要なのです。

常識では考えられない力を必要とすることが、私たちの人生にはしばしばあるのです。

人間を守護してくれる「守護霊」の力、それも神秘力の一つです。

危機的状況のとき、追い詰められたとき、絶対挫折してはならないとき、死にもの狂いで何かを求めているとき、思いがけない救済の手が差し伸べられることがあります。それが「神秘力」なのです。

前著「神と霊の力――神霊を活用して人生の勝者となる」で、登山中に遭難した女性が死の寸前、死んだ祖父が現れて、一命を取り留めた感動のエピソードについて紹介しました。生還した彼女が、この体験を話しても、だれも信用しませんでした。両親も登山仲間も首をかしげました。死者が現れて危機を救うなどということは、現代人の常識では考えられないからです。この体験は、だれもが、遭難した異常心理によって見た幻覚、幻聴であろうと考えたのです。

全ての人がそのように考えたのは、きわめて自然なことです。この不思議な現象を信じているのは命の危機を救われた本人だけです。あくまでも本人は、自分を可愛がってくれた祖父が、自分の極限状態のとき守護霊となって自分を助けてくれたと信じています。この事実を読者諸兄姉はどのように考えるでしょうか?

常識世界では信じられないことが起こったゆえに、そのことは「奇蹟」であり、また、それは「神秘の力」ということなのです。神秘力というのは、そのような奇蹟的力のことを指すのです。科学を超えた現象こそが究極の人間救済には必要な力であることを、私たちは心のどこかに留めておかなければなりません。

Part. 1

奇蹟の神霊治療は神秘力そのものである

三十年間苦しんできた難病が五分で治った奇蹟

私自身、十数年に渡って何万名という人の神霊治療を引き受けてまいりました。初代会長隈本確（聖の神霊位）の行ってきた神霊治療まで合算しますと、日神会の実績は、十万人以上の人の霊的病気を治してきた事実があります。十万人と人数を特定するというより、数限り無いほどの人たちを病の苦しみからお救いした実績があります。

私自身の行ってきた神霊治療でも、神秘と呼んでもよいような奇蹟的な治療例が数多くあります。

病気の苦しみはその当事者しか判らないのが普通です。いかに愛している人であっても、当人の身にならない限り、その苦しみを当人と同じように苦しむことはできません。それだけに病気というのは、孤独な苦しみといってよいでしょう。

釈迦が、人間の四大苦の中に「病」を入れているのはもっともなことです。病気は人間が人生で背負わなければならない大きな苦しみの一つというわけです。

ある会社社長の母上M代さんは、原因不明の痛みに苦しんでいました。原因不明とはいうものの、幾つかの病院で、リウマチを始めとする複数の病名を告げられています。しかし、医師の診断した病気の治療を受けても、症状は一向に改善されないのです。何か月も病院に通い続けますが、体に走る激痛は治まることはありませんでした。M代さんは仕方なく別な医師を求めて診断を受けるのでした。

別な病院や医師によって、また、いろいろと検査を受け、あげくの果てに、また別な病名を告げられます。病名が違ったので、当然ながら異なる治療を受けることになります。しかし、結果は同じことで、病状は一向に改まらないのです。M代さんは、こんなことを何度もくり返しては難民のように病院を転々とするのでした。

何度も何度も失望をくり返しながら、それでも彼女は医学の力を信じて、新しい病院を探す日々をくり返していたのです。

四十近くなって発症した病気は、ついに、七十歳を過ぎても一向に改善が見られないのです。本人は医学の力を信じて快癒することを待ち続けたのですが、その願いは三十年間の長い間かなえられることはありませんでした。

「もし、この痛みを取り除いてくれる人がいたら、全財産をその人に与えてもよい……」

M代さんは周囲の人に述懐していたということでした。

彼女の夫は中小企業ながら、貴重な特許を取得しており、一代で莫大な財産を築きました。夫は六十歳半ばでガンにかかり、息子に会社を継がせて、一年後に亡くなりましたが、M代さんには莫大な財産を遺しました。その財産の全てを提供してもよいから病気を治してほしいというのがM代さんの切実な願いだったのです。

ある年、M代さんは、高校の同窓会が東京で開かれるという案内状をもらい、出席してみようと思いました。M代さんは地方の高校出身ですが、生きているうちに昔のクラスメートに会っておこうと考えたのです。出歩くこともつらい状況ですが、都内に嫁いでいる娘に付き添ってもらって出席をすることにしました。

M代さんはその同窓会で、何十年めかで再会した友人たちに病気の話を打ち明けました。その友人のうちの一人が、日神会の会員だったのです。

友人は語りました。

「私は長い間、ひどい肩凝りに悩まされていたのよ。幾つかの病院を回ったけど、自律神経失調症って言われたり、更年期障害だろうって言われて薬漬けにされるんだけど、少しも症状がよくならないの。マッサージや鍼《はり》で四、五日は痛みが取れるけど、またすぐに痛みがぶり返すのよ。もうだめかとあきらめていたんだけど、行きつけの美容院の先生に日神会の話を聞いて神霊治療を受けたのよ」

その美容師は日神会の会員だったのです。友人は早速、日神会の東京聖地に出かけて、神霊治療を受けました。

「本当に驚いたわ。神霊治療を受けて、大広間を出てエレベーターのドアの前に立つと、もう全身の違和感がなくなっていたのよ。首をひねっても肩を動かしても、不快だった鈍痛が全身から消えていたの。心底驚いたわ。ああ、神様っているんだ。そのときつくづく思ったわ」

友人は長い体験談をM代さんに語りました。友人はその場で日神会の会員になり、月に一度、浄霊を受けに東京聖地に通っているということをM代さんに語ったのです。

M代さんは、友人の話をわらにもすがるような思いで聞いていました。そのころの彼女はよいと思われることは、何でも試してみようと思っていたのです。民間療法、健康食品、いろいろなものを取り寄せては試していました。下町の拝み屋（祈祷師）にまで足を運んだということでした。

M代さんは、日神会に対して、最初は半信半疑だったようですが、その友人に紹介してもらい、神霊治療を受けてみようと考えたのです。M代さんは翌日、日神会を訪ねてきました。応対したのは私でした。

私はまず、M代さんの今までの病気の症状や、三十年という長い年月苦しんでこられた経緯についてお尋ねしました。

M代さんの霊視をしておりますと、明らかに霊障でした。

「四十代半ばから急にあらわれた症状だそうですが、そのころ急に環境が変わったということはありませんでしたか?」

しばらく考えていたM代さんは、首をかしげながら「新築の家に移転したことでしょうか?」と語りました。

「それです!」と思わず私は小さく叫びました。

私の霊視では、霊障は地縛霊の憑依によるものと思われたからです。

M代さんの話では、ある時期まで都心のマンションに暮らしていたということですが、夫の会社が急成長して、郊外に豪邸を建てて移転したのがM代さんが四十歳になって間もなくのことでした。病気はその二年後に発症しました。

Ｍ代さんに憑依している地縛霊は相当に強い怨念を引きずっているようです。私はその土地を購入した経緯についてお尋ねしたのですが、夫が亡くなってしまった今、Ｍ代さんにはわからないとのことでした。

地縛霊の正体は不明でしたが、私はＭ代さんの浄霊に取りかかりました。気合いと共に九字の印を結び、憑依霊に向かって神霊の気を注ぎ、浄霊しようとしました。しかし、地縛霊の怨念はすさまじく、霊は激しく抵抗して襲いかかってきます。さらに激しい気迫で地縛霊に、神霊の気を浴びせます。霊の黒く汚れた怨念がゆっくりと、白光をまとい始めてきました。約五分間で霊は浄化していきました。Ｍ代さんの神霊治療は成功しました。

神霊治療が終わってもＭ代さんはうなだれています。目を閉じて肩で息を吐いています。やがてＭ代さんは体をぴくりと震わせて、ゆっくりと顔をあげました。

「神霊治療は終わりましたよ……。憑依霊の浄霊は成功しました」

私はＭ代さんに語りかけました。Ｍ代さんは、少しの間、ひざをさすったり、なでたりしていましたが「あっ、痛みが消えている！」と叫びました。

青白かったＭ代さんの頬は血色がよくなっているように見えました。

七十三歳、三十年間の苦しみの日々が、五分間の神霊治療で解消したのです。その感激はいかばかりか、余人には想像もつかないほど大きかったのです。

神霊治療は成功したものの、私は、地縛霊の怨念の強さから、自宅の敷地も浄霊したほうがよいのではないかと考えていましたが、その日は何も言いませんでした。

一週間後、M代さんが再び東京聖地を訪ねてきました。神霊治療の成功のお礼と、自宅の購入の経緯を調べて報告にきたのです。

M代さんの息子である二代目社長が友人の不動産関係者に調べてもらったということでした。現在豪邸が建っている土地は、私の推察どおり、やはりいわく付きの土地だったのです。前にこの土地を所有していた人は事業に失敗し、この自宅を借金のカタに取り上げられたという物件でした。以前の所有者は、家を明け渡す前日に、自分の書斎で服毒自殺をしたということです。事業失敗の絶望と、非情な債権者への恨みの無念死です。

M代さんの説明によれば、この土地を購入した先代の社長（M代さんの亡夫）は、その事実を知って購入したらしいのですが、夫は、霊魂とか霊の恨みとかを信じない人だったということです。

「安い物件が手に入ったと喜んでいました」とM代さんは語りました。

九字の組み手

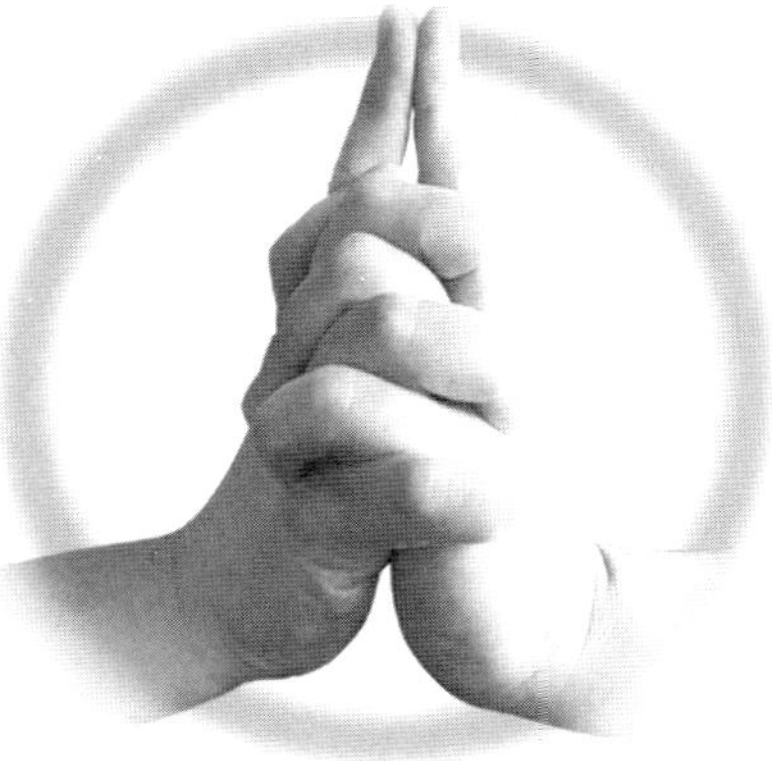

みぞおちの上5センチ
手前で水平に組む

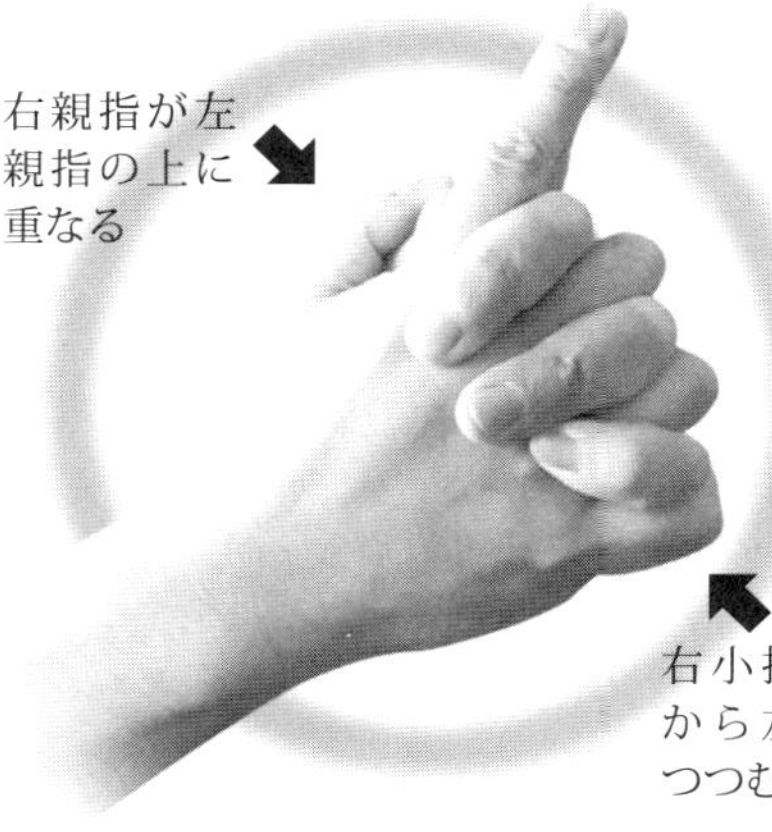
右小指が外側
から左小指を

私は、事業に失敗し、家を手放すことになった所有者の無念は相当に大きかったのだと推察しました。無念の思いは霊界に入ることができないほど大きかったということです。地縛霊となってしがみついていた土地に幸せな家族が住み着いている光景は、無念の地縛霊には耐え難い思いだったのでしょう。浄霊の際の、憑依霊のすさまじくも不気味な抵抗は、私の過去に経験したことのないものでした。

M代さんの依頼により、自宅周りの浄霊をして、完全に地縛霊の怨念は解消いたしました。これによって、M代さんは病苦から永遠に解き放たれたことになります。三十年間の難病が五分間で快癒したのは、そちこちにざらにある話ではありません。まさに神秘の現象であり奇蹟的なできごとです。

それにしても、原因不明の難病は、地縛霊の憑依とは気づかずに、三十年間も苦しみ続けたM代さんの半生はどんなにか辛かったことでしょう。

たった五分の神霊治療で治るのに、多額の医療費を三十年間も使い続けていたという理不尽さを、多くの読者は痛感するに違いありません。しかし、これも目に見えない大きな力に左右されている大霊界の法則なのです。

病気になってすぐに日神会を訪ねる人もいれば、何十年も苦しみ続けてやっと日神会の存在に気のつく人もいます。これも、一つの法則によって操られている人間の姿です。この本を手に取られたというのも、大霊界の法則によって組み込まれた私と読者のきずなです。ここから、私たちの人生が新しく始まるのです。

神霊治療による奇蹟の数々

病気で苦しむ人たちの多くが霊障によるものです。初代会長隈本確（聖の神霊位）の神霊研究によれば、発症する病気の七割程度が霊障によるものと断言しています。私の研究によっても病気の五割程度は何らかの霊障によって発症しています。

「霊障」という現象は、霊界の実在を信じていない人にはとても信じられない話だと思います。大霊界の実在を信じている人でも、その割合の高さに驚かれるに違いありません。ましてや、大霊界の実在を疑問視している人は「霊障」の存在は非科学的なことだと一顧だにしないかもしれません。

常識で考えられない悪い現象（霊障）が、不思議な力（神霊治療）によって解決されるのですから、それがすなわち「神秘力」ということになるのです。

実は大霊界の実在を確信している私たちにとって、死後の世界、大霊界の法則、神霊のエネルギー（神霊治療）は全てが常識なのです。

私の前著、「神と霊の力——神霊を活用して人生の勝者となる」でも述べましたように、常識は時代の流れによって変わります。

天文学者ガリレオ・ガリレイに「それでも地球は回っている」という有名な言葉があります。地球が自転しながら公転する科学的真理を、時の為政者は信じませんでした。自分たちの常識に背く不届きな科学者としてガリレオは裁判にかけられました。「けしからんことを言って大衆を惑わせた」ということで、ガリレオは有罪の判決を受けますが、ガリレオは裁判官に向かって「それでも地球は回っている」と呟いたのです。

それから何世紀も経過したいま、天動説という常識は覆りました。現代において、地球は不動で、地球の周りを他の天体が回っているのだ、などと唱えれば、だれにも相手にされないどころか、狂人扱いにされるでしょう。

動かしがたい真理ですら、時代によっては、非常識とみなされたのです。この世にある真理を常識というフィルターだけを透して見ようとすることは間違いなのです。

「霊障」という現象も大霊界の実在を信じる側から見れば、決して不思議な現象ではないのです。前著でも述べましたように、霊界と現界はポジフィルムとネガフィルムのように表裏一体のものです。すなわち、霊界があって現界があり、現界があって霊界があるのです。これこそが大霊界の常識です。私たちの霊的生活の中で、病気の原因の半分以上が「霊障」によるものという考え方は、決して奇異な考え方ではないのです。

大霊界の法則によって、神霊から世直しの使徒として送り込まれた「神霊能力者」の手によって、神霊治療（浄霊）が行われ、病者が健常な体を取り戻すことは、きわめて自然なことといえるでしょう。

医学的治療によって治りにくかった病気が、神霊治療によって治癒するのですから、一見、神秘力のようにみえるのは当然のことです。

ここで、神霊治療によって治癒した体験者の、感動的ドラマの数々をご紹介しましょう。

「重度の不眠症から爽やかな目覚めに」——女性・三十六歳（福岡県）

重い不眠症に悩まされていました。床に入ってもすぐに寝つくことはできませんでした。うとうとしたと思ってもすぐに目が覚めます。時計を見ると、まだ二時間足らずしか眠っていません。一度目覚めると、再び眠るのは困難になり、朝まで何度も寝返りをうって、まんじりともしないで夜が明けてしまいます。重い頭で起き上がり、仕事に出かけるのですが、寝不足で満足な仕事ができません。生活の破綻が目にみえています。あるとき、職場の友人から日神会の話を聞き、気休めに長崎聖地を訪ねて神霊能力者の手で浄霊を受けました。その夜、頂いた「聖の神」の御守りを寝室の壁に貼って、布団に入りました。清々しい気がベッドの周りに流れ、何ともいえない温かいものに両の足が包まれ、いつの間にか熟睡していました。目覚めるとカーテンの隙間から朝の白々とした光が射し込んでいました。爽やかな目覚めでした。こんな爽やかな目覚めをしたのは何年ぶりでしょう。私は破滅から救われました。あれから一年以上が経ちますが、今でも眠る前に必ず「聖の神」に手を合わせて布団に入ります。今では安らかな気持ちで布団に入ることができます。神様に見守られながら眠る幸せを感じています。

［大量吐血をした夫の命の危機が救われる］――女性・五十七歳（茨城）

夫が胃潰瘍で大量の吐血をしました。救急車で運ばれて救命治療を受けましたが、あまりの大量吐血で、失血死の恐れがあると医師に宣告されました。とにかく輸血で危険を回避しなければなりません。

医師には今晩が山だと言われました。私は必死に「聖の神」にお祈りをしました。何が何でも夫を助けてください。必死に祈り続けました。奇蹟的に輸血の効果も治療の効果もあがりました。夫は翌日の朝には私と普通に会話を交わせるようになりました。驚いたのは、夫は意識不明の中で「聖の神」の声を聞いていたというのです。

「あなたの命を護ります」とやさしい声が何度も聞こえていたというのです。

夫は約一か月入院しましたが、元気で退院しました。検査では潰瘍の跡がすっかりなくなって、きれいな胃に戻っていたということです。医師に訊きますと、このような回復力は珍しいということです。きっと「聖の神」の御守護のおかげと感謝しています。

[金縛りの恐怖から脱出して心身の健康を取り戻す]　――男性・三十九歳（神奈川県）

私は中学三年の夏から、俗に言う「金縛り」の状態になるのです。週に一度程度の割でそんな状態になります。ひどいときは首が締めつけられ手足の自由が効かなくなり、このまま死ぬのではないかという恐怖感に襲われます。夜、寝るのも怖くなり、精神的に不安定になりました。このような状態が十年以上も続き、受験勉強も思うようにできなかったために、希望する学校にも進めず、暗い青春時代を過ごしました。結婚も半ばあきらめていました。そんなとき、私に結婚の相手を紹介してくれた人から、日神会を教えていただきました。わらにもすがる思いで訪ねた日神会で現二代会長の正二郎先生にお目にかかりました。会長先生から、交通事故死した憑依霊が霊障となっているとのご指摘があり、神霊治療をしていただきました。その日「聖の神」の御札をいただいて帰りました。

果たして神霊治療によって苦しみ続けた金縛りから解放されるのかどうか、私には半信半疑のところもありましたが、夜、就寝のときに「聖の神」にお祈りをしてからベッドに入りました。

神霊治療を受けたその日から、忌まわしい金縛りとは無縁の身となりました。金縛りの苦しみから抜け出しますと、考えることも健康になり、前向きな人間になりました。マイナス思考の固まりだった私は積極的人間に変わって、毎日が生きがいにあふれた生活を送っています。

遅ればせながら三十八歳の春に結婚しました。翌年の秋には長男も生まれ幸せな家庭を築いています。長男の出生前に妻は東京聖地で浄霊をしていただきました。夫婦ともども日神会の会員で、「聖の神」に護られて幸せな家庭生活を送っています。

神霊治療（浄霊）の対象となる既知・告知の病気とその箇所

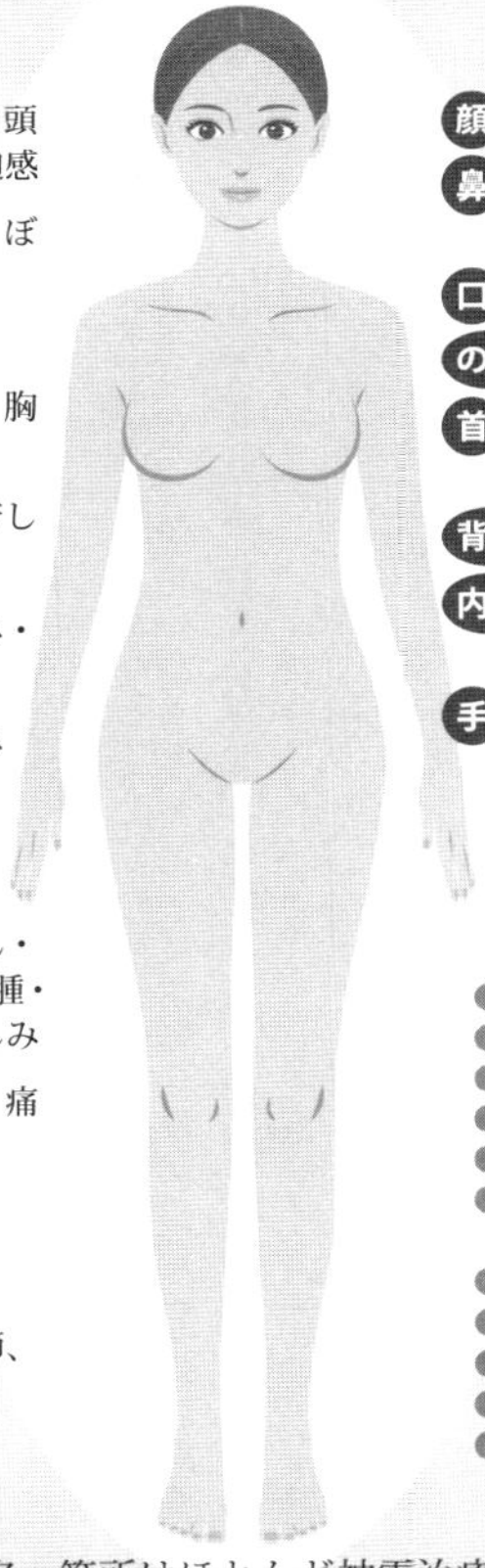

頭 ふらふら・目まい・頭全箇所の痛み・圧迫感

目 涙・痛み・かゆみ・ぼやける・まぶしい

耳 痛み・かゆみ

胸 呼吸困難・圧迫感・胸苦しさ・ぜんそく

心臓 圧迫感・痛み・苦しみ

胃 長年の痛み・苦しみ・潰瘍・初期のガン

腸 長年の痛み・苦しみ

顔 全箇所の痛み

鼻 花粉症・鼻水・痛み・蓄膿・鼻炎

口 歯ぐきの痛み・口内炎

のど 痛み・ひっかかり

首 痛み・肩こりと痛み・むち打ち各所の痛み

背中 全箇所の痛み

内臓 諸器官の痛み、苦しみ

手 全箇所の痛み・関節の痛み

婦人科 初期の子宮がん・子宮筋腫・卵巣のう腫・婦人科の痛み・苦しみ

膀胱 膀胱炎・残尿感・痛み・苦しみ

前立腺の異常

腰 長年の腰痛

足 全箇所の痛み・関節、筋肉の痛み

- アトピー性皮膚炎
- ポリープ
- 痛風・ヘルペス
- 神経痛・関節炎
- 恐怖感・不安感
- 全身のだるさ・疲れ・しめつけ・重い
- 初期のガン
- 初期のリューマチ
- 初期のこう原病
- 初期のメニエール病
- 初期のパーキンソン病

上記の病名、箇所はほとんど神霊治療（浄霊）の対象となります。医学でも同じことが言われますが、病気発生より早いほど良い結果が出ます。

「病弱の身がいつの間にか病気知らずの日々を」——女性・四十二歳（大阪）

私には、ヘルペスの持病があり、長い間苦しんでまいりました。友人の紹介で日神会の会員になり、神霊治療を受けることができました。おかげで長年苦しんできたヘルペスの苦痛から抜け出すことができました。それまでの私は腺病質で、すぐに病気になり、病院通いは日常的でした。ところが、日神会で定期的に浄霊を受けるようになりましてから、体質が変わったのか、丈夫な体になり、病気知らずの毎日を過ごしています。

朝夕、「聖の神」の御札に手を合わせて一日の無事を祈っています。健康な肉体に健全な心が宿るということでしょうか、考え方も明るくなり、子供たちからも「お母さん、このごろよく笑うようになったね」と感心されています。おかげで学校の保護者会で知り合ったお母さんたちとも友達づきあいをするようになりました。「聖の神」の御加護が及んでいることを実感しています。

「運転中に脳梗塞。聖の神を呼んで無事帰宅を」——男性・六十八歳（愛媛県）

運転中に、急に脱力感に襲われた私は、車を停めて外に出た瞬間に意識が薄れていきました。人通りの少ない林道でした。意識の薄れる瞬間に、「聖の神様！　お助けください」

と心で念じました。すると、不思議なことに薄れゆく意識の中に一瞬、光が射し込むような気がしました。しばらくすると、体が動くようになり、風景が明るくなったような気がしました。私は再び車に戻って運転して家に戻ってきました。家に戻った途端に、また脱力感に襲われ、家内に救急車を呼んでもらって病院に担ぎ込まれました。

緊急検査の結果、脳梗塞の診断を受けて入院することになりました。約半月の入院で退院しました。後遺症も残らず、今は通常の仕事をしています。運転も続けています。

医師も家族さえも首をかしげるのは、外出先で倒れたのに一人で運転をして帰ってきたということです。

医師はもう一時間入院が遅れたら、重大な後遺症があり、半身不随の生活を続けなければならなかっただろうと言っていました。

車の側に倒れていて、もし発見されずに放置されていたら、命の保証もなかったと思います。それが、「聖の神様！　お助けください」と心で叫んだ後に、一時的に運転できる機能が回復したのだから驚きです。聖の神様の加護力の奇蹟です。

［ガンが消えた不思議と謎］——女性・四十六歳（神奈川県）

乳房にしこりを感じて診断を受け、乳癌と宣告されました。頭の中が真っ白になるような衝撃を受けました。高校生の娘を一人残して死ぬのだろうか？　考えると絶望的になるばかりです。

救いはガンは初期で手術によって九十パーセントは治るだろうということでした。それだけが救いでした。死なくてすみそうだと思うと気は楽になりました。ガンは今や日本人の二人に一人がかかる国民病みたいなものだと、自分に言い聞かせてもやはり、不安はつのります。

そんなおりに高校時代の友人から「日神会」の話を聞きました。まさかガンのような病気が神霊治療で治るとは思いませんでしたが、手術の無事を祈るつもりで、友人に連れられて東京聖地に出かけました。

長崎から戻ったばかりの会長先生に浄霊をしていただきました。浄霊を受けている間は何ともいえない清々しい気持ちになり、胸に渦巻いていた不安が拭われるような気がいたしました。「聖の神」の御札をいただいて帰りました。

翌月に手術前検査がありました。そこで意外なことが起こったのです。画像に映っていた腫瘍が消えていたのです。担当の先生は深刻な顔をして、過去の写真やカルテで確認するのですが、結局、その謎はわかりませんでした。改めて再検査を受けることになりましたが、その後のあらゆる検査でも、やはりガンが消滅しているのです。

医学的には謎なのですが、私は心密かに神霊治療のおかげだと信じています。「聖の神」の偉大な力が私のガンを消してくれたのだと信じています。

［心臓の大手術に聖の神の守護の光が］――男性・五十九歳（岩手県）

心臓に欠陥があり、長い間、薬を服用しつつ、いたわって暮らしてきたのですが、久しぶりに人間ドッグを受けて、ぼろぼろになった心臓はそのままでは保持できない状態になっていることを知り、愕然としました。

医師は「今まで心筋梗塞が起きなかったのが不思議なくらいだ。いつ発作が起きてもおかしくない。もし、発作が起きたら命の保証はできない」とまで言われました。この危険な状態から助かる道は、心臓の手術だけだということです。心臓の手術は危険で大手術です。手術中のリスクも相当に大きいようでした。手術に要する時間は六時間から八時間ということです。

いくら名医といえど、神様ではないのだから、手術だって失敗することはあるでしょう。私は半ば覚悟をしていました。ところが女房は「聖の神様が護ってくれるからだいじょうぶです」というのです。女房は「聖の神」の熱烈な信者です。わが家が幸せなのは「聖の神」の御守護によるものだと心から信じているのです。それゆえに、私の手術も大丈夫だと言うのです。

全身麻酔のため、私は十数時間というもの、まったく夢うつつの中にいました。ときおり夢の中に「聖」の文字がよぎった感じがしました。これも、本当か錯覚か、後でこじつけたのか今となってははっきりと思い出すことはできません。ただ、麻酔で、十数時間眠り続けて気がついた瞬間、白い光が意識のへりをかすめて通りすぎ、やがて薄明の中から、真っ白くキラーッと光る「聖」の文字が浮き上がったのです。

ああ「聖の神」が手術の間中、私を護っていてくれたのだと、その時心の底から実感できました。

「歩行不能だった私が一度の神霊治療で階段が登れた」――女性・六十二歳（静岡県）

五十代の半ばから股関節に異常が起きて、ほとんど歩行が困難になりました。原因はもちろん股関節にあるのですが、検査では骨にも関節にもはっきりした病変が認められないのです。歩行しないでじっとしている分には痛みはないのですが、少しでも歩くと、耐え難い痛みがあるのです。自宅内のトイレと浴室まで歩くのがやっとで、一日中、テレビの前の椅子に座っているか、台所の椅子に座っているという日常生活でした。

立っているだけなら、それほど痛みはないので、炊事はできます。買い物は夫が引き受けてくれているので、生活には不自由していません。しかし、少しでも長距離を歩こうとしたら車椅子か、十メートル程度でしたら杖の力を借りて移動します。

どこも悪いところがないのに、歩けないというのはつらいものです。東京に住む孫がいなかったら、いっそのこと自殺したほうがよいと思ったくらいです。

あるとき主人が、定年後に勤めた会社の若い同僚から日神会のことを聞き、私に神霊治療を受けてみたらどうかと言いました。私は、そんなことで十年以上も苦しんできた股関節の痛みが消えるとは、とても思えませんでした。

ところが、ふだんは信心などはどこ吹く風の主人が、日神会の神霊治療を受けることを熱心にすすめるのです。

「ダメもとでいいじゃないか。とにかく騙されたと思って出かけてみようよ」

何日も夫は私を促すのです。私はほとんど信じていませんでしたが、夫の顔を立ててやるような気持ちで承諾しました。

電車に乗るまでの階段や乗り換えの歩行がままにならないので、結局、東京の娘の夫が車で迎えにくることになりました。

そんな経緯《いきさつ》で、私は神霊治療を受けることになりました。東京聖地の建物の中に一歩入ると、何ともいえない清々しい気持ちになりました。その清々しさは、神霊治療を受けている間も続いていました。浄霊と呼ばれる神霊治療は三十分足らずで終わりました。全身からアクが抜けたような心地好い放心が体を包みました。

「治療は成功しました」

会長先生の声で私は思わず我にかえって会長先生を見上げました。笑顔の会長先生が私を見つめていました。

何気なく立ち上がった私に夫はあわてて駆け寄りましたが、私は夫の手を借りず、すたすたと歩き出しました。股関節にあった違和感が、まるで夢を見ていたように消えていたのです。私はうれしくなって子供のように跳びはねました。

婿と夫と私の三人は駅前の中華料理屋に入りました。エレベーターはなく急な階段です。夫は「無理なことをやめろ」と後ろから怒鳴りました。私は首を横に振って、階段を一段一段踏みしめながら登っていきました。幸せの階段を登るような心地を噛み締めている私でした。

［医師に見放された私が奇蹟の生還］——男性・六十七歳（東京都）

突然のくも膜下出血で倒れました。もちろん激しい頭痛の後に意識を失いました。医師は妻に、「手術は無理です。このまま、様子を見るしかありませんが、ほとんど絶望的です。遠くにいる子供さんやご親戚に連絡なさったほうがいいでしょう」と語ったそうです。ほとんど死の宣告でした。

危篤の知らせを受けた息子は名古屋から駆けつけたのですが、手には「聖の神」の御守りを持っていたそうです。「九十九パーセントは絶望だが残りの一パーセントを聖の神の奇蹟のご加護にすがろう」と妻に告げたそうです。

仙台に嫁いだ娘、そして息子に一足遅れて、名古屋から嫁や孫も駆けつけました。「聖の神」の御守りを私の胸の上に置いて、家族一同が一パーセントの奇蹟を聖の神に祈ったのです。三日間の昏睡の後に私は意識を取り戻しました。それから半月後、手術を受けて今では新聞も読めるほどに回復しました。手足のマヒも少なくなり、三十分程度の散歩ができるようになりました。死の縁をさまよっていた私が生還できたのは、家族一同の祈りの激しさが聖の神に届いたからだと信じています。私も、一日でも早く日神会の会員になって「聖の神」を信仰する喜びにひたりたいと考えています。

神霊治療は霊障のみならず、どんな病気にも有効である

神霊治療は奇蹟の神秘力であるのに真実です。神霊治療は、物理的な力、すなわち手術や薬品を用いずに病気を治すのですから、まさに神秘力といってもよいわけです。

人間の肉体には、生まれつきヒーリング・パワー（癒す力）が備えられているという説があります。私たちは痛む箇所に思わず自分の手を持っていきます。その行為は本能的なもので、人間は手から癒しのパワーが出ていることを無意識に感じているのです。

治療することを、私たちは「手当て」とも言います。手を当てることが癒しの一つの方法であることを古来から人間は知っていたのです。

霊能者や神霊治療師はその「手当て能力」が備わっている人ということになります。ま

た、中国の「気功治療」は、人間が生まれつき持っている癒しのパワーを利用した治療法です。気功の「気」は、修行（訓練）によって、意識的に癒しのパワーが放出できるようになるわけです。もちろん、気功師にもすぐれた素質の人もいれば、いくら訓練しても上達しない人もいます。

霊能者、神霊治療師にもそのことがいえるわけで、能力の勝れた人、それほどでもない人がいるのは当然のことです。中には能力のない人が偽って霊能者を名乗る人もいますがそれは論外です。

大霊界の法則を知れば、神霊治療によって病気が治るのは何の不思議もないのですが、現在はまだ、科学的（物理的）に霊魂の実在が証明されていませんので、神霊治療によって病気が改善したり、治ったりすることは神秘の現象と考えられています。

私はあえて「霊能者」と「神霊治療師」とを分けて話していますが、霊能者であって神霊治療に卓抜《たくばつ》した力を持っている人もいれば、神霊治療には卓抜しているが、霊能力を持っていないという人もいます。

このことは、神霊治療は実は「霊障」だけに力をふるうものではないということを物語っているわけです。病気の半数は霊障（低級霊の憑依）によるものですが、霊障に関係のない病気も神霊の力によって治すことができるということです。

前項で、神霊治療によって病気を治した人たちの体験談を掲載しましたが、この中の半数以上は霊障に関係のない病気です。

例えば息子が小学校に上がるまで生かしてほしいと願ったガン患者の母親の悲願を受け止めたのは「聖の神」の神秘力に他なりません。母親のガンは、浄霊の神霊治療だけで延命することは不可能の段階に来ていたのです。ところが神霊治療によって奇蹟の延命を果たしたのです。命の危機を乗り越えて、見事に命をつないだのは、母親の悲願を受け止めて神霊が発した「神秘力」(奇蹟のエネルギー)のおかげだったのです。

病気や悪運の半分は霊障によるものだったにしろ、残りの半分は、霊障に無縁のマイナス現象です。医師に見放された大手術成功の奇蹟は、霊障とは関係のない「聖の神」の神秘力のご加護です。

仕事や人間関係で行き詰まったとき、苦しみの極まったとき、命の危機に立たされたとき、医学の力で治らない病気にかかったとき……。そんなときには霊障という現象にこだわることなく、「聖の神」の神秘力にすがるということが大切なのです。

神秘力と霊能力の二つの力で人間を救済する

神霊力と霊能力は厳密にいえば異なる性質のものです。

神霊力は神霊の発するエネルギーであり、霊能力は大霊界の法則によって特殊能力を授けられた霊能者が発するエネルギーです。

前著「神と霊の力」でも述べましたが、「霊界」と「現界」は表裏一体であり、どちらが一つ欠けても大霊界の法則には合致しません。

霊能者は霊界と現界を結びつけるコーディネーターであり、通訳であり、かけ橋ということになります。

また、霊能者のもう一つの大切な役目は、大宇宙、大霊界の全ての上に君臨する神霊（聖の神）の意思の伝達役ということです。初代会長隈本確（聖の神霊位）はそのことを「聖の神の踏み台」という表現を用いていました。

私は、だれにでもわかりやすいように、霊能者を「神霊の使徒」と名づけています。

大霊界の法則によれば、この世は「現界」と「霊界」の連携の上で営まれていますので、この世のあらゆる現象は、霊界を無視しては論じられないわけです。すなわち、ある人が病気になるのも、貧乏になるのも、出世するのも、全てあの霊界の影響を受けているということになります。その法則の上に立って、霊能者は霊界と現界のコーディネーターとして神霊の使命をになってこの世に送り込まれた人というわけです。

「神霊」という最高位の力を持つ超エネルギーが存在するのは、人間界救済を目的とした、大宇宙・大霊界の創造神「素の神」の御心ということです。人類を救済するための神のエネルギー、それが神霊（聖の神）ということです。

当然ながら、霊能者も人類救済の最前線で神霊・心霊の御心の伝達者として奉仕する使徒ということになります。

あるときは霊の声を聞き、あるときは神霊の声を聞きます。またあるときは、迷える霊を救済することで、人間に及ぶ災いを防ぎます。自分の霊能力だけでは手に余るときは、神霊のエネルギーをいただいて使命を果たします。

霊能者の使命とは、憑依霊の除霊、神霊治療、低級霊の浄霊などです。他に、わが日神会に所属する霊能者は、日神会の会員に対して、「聖の神」の意思《こころ》の伝達などの奉仕をいたします。

これらの使命を全うすることで、霊能者は人間救済の務めを果たしているのです。苦しみもがいている人を救い、不幸に投げ込まれている人を幸せな人生に導いているのです。人間救済には神霊の持つ超エネルギーと、霊能者のエネルギーの二つが必要なのです。もう一つ、日神会が会員に伝授している自己浄霊法は、霊能者が流すエネルギーと同質のエネルギーを自己の中に生み出し、霊能者の手を借りずに、直接神霊エネルギーをわが身に引き込むことです。

憑依霊の分類の理論——一つの試論

神霊治療の原理の一つとして、憑依現象の解除を前提として治療するという考えがあります。この治療のコンセプトは、病気の多くが憑依霊の霊障によるという考えに立脚しています。

この理論は、初代会長隈本確（聖の神霊位）の理論の一つでもあります。私の考え方と若干異なるところもありますが、興味深い説なので紹介することにします。

初代の理論によれば、憑依霊には、次の三つのタイプがあるというのです。

①急性憑依
②慢性憑依
③無感知性憑依

以上が霊の憑依のタイプで、霊障の現れ方から分類したものです。

①の「急性憑依」は、突然現れる痛み苦しみの症状をともなう病気です。通常、一般的な病気に使う場合は「急性肺炎」というような言い方をします。

突然の痛みとか呼吸困難などがともなうもので、時には死にいたることがあります。急性で起こる病気はウィルス性のインフルエンザや、チフス、脳梗塞、心筋梗塞、脳出血、くも膜下出血など医学的処置の遅れによっては命が危ないということが多々あります。

この世の病気の多くが、霊障という前提で考えれば、これらの病気も憑霊現象の一種だという認識です。

具体的症状としては、突然の激しい硬直やふるえなどがあり、呼吸困難などがともなうと説明されています。強大・強力な「悪霊」の突然の降霊現象が急性憑依というわけです。

急激な心身の激変は「悪霊」の突然の降霊現象によるものであるから、症状が起きて即座に神霊治療を行えば生命の危機は回避できるといわれています。

しかし、もし強大・強力な悪霊のパワーに圧倒されて、霊能者のエネルギーが十分に発揮できない場合、大変に危険であります。たとえ、急性憑依現象によって発症した病気だったとしても、ひとまず、医学的治療によって応急の処置をして、一応生命の危険を脱した後に神霊治療によって除霊、浄霊の手段を講ずべきであると、私は考え、日神会霊能者を指導しています。

また、インフルエンザのようなウィルス性の病気も、確かに憑依霊の霊障によって発症することがあります。しかし、ひとたびウィルスに感染してしまえば、神霊治療によって細菌を消滅させることはできない場合があります。過去に、神霊の超エネルギーによってウィルスを死滅させることができた例もあります。しかし、ひとたび力を得たウィルスの細菌は、神霊のエネルギーによっても死滅しない場合も多々あります。医薬の発達した現代において、ウィルスに最先端の医薬を使うことで解決することができます。医薬の進歩は神の心でもあり、神の愛によって導かれている医薬を利用するという生き方は、神の心にかなった生き方でもあるのです。

ウィルス性の病気は医薬によって多くの場合完治します。その後に浄霊して完全な健康体を取り戻すというのが、現代人としての正しい霊的生活というべきです。

②の「慢性憑依」は、通常の医学的慢性病と同じような症状を現すと考えられています。すなわち、耐え難い苦痛があるわけではないが、心身に病気をかかえているという状態です。一見、健康体ですが、どこかに病気を抱えているということです。

具体的な病名をあげるとすれば、パーキンソン氏病、メニエール病、喘息、頭痛持ち、腰痛持ち、慢性蕁麻疹《じんましん》、アレルギーなどです。慢性病の患者は、発作が起きないときは、健常者と同じように暮らしていますが、持病を持っているので、いつも発作や持病の重症化の不安を抱えながらの生活を続けています。

少し手足が重いと感じているうちに全身が不自由になっていき、病院の診断を受けたらパーキンソン氏病と診断されたという話などを聞くことがあります。同じようにときどき目まいを感じていたが、一過性の体調不振と考えていたら、病院でメニエール病と診断された人もいます。

喘息患者も発作が起きないときは、健常者と同じように暮らしています。頭痛持ちの人もそうです。頭痛持ちの場合は、ときどき不定期に頭痛の症状が現れます。

慢性憑依には比較的霊障が原因という例があります。何十年も頭痛に苦しんできたあるご婦人の神霊治療をしたことがあるのですが、幾つもの病院で、脳の精密検査を受けてもその原因がはっきりとわかりません。溺れるものはわらにもすがるの譬《たと》えで日神会の神霊治療を受けにきました。

ご婦人は、長崎聖地で二十分あまりの神霊治療を受けて以後、平成二十七年十月現在、約半年の間、一度も発作が起きていないそうです。十月以後も月に一度、浄霊を受けに日神会の長崎聖地に通っています。

慢性憑依による慢性病の症状は、霊症に比較的よくあるケースです。医師の治療で病状が改善されない場合は、一度、除霊・浄霊の神霊治療を受けてみることをおすすめします。

③の「無感知性憑依」は憑依現象としての苦痛はないのですが、長い期間、心身をむしばむ状態のことです。霊障としての現象がはっきりしないまま、いつの間にか心も体も憑依霊によって冒されているという現象です。無感知性ですから、自覚症状がないので対策の立てようがありませんが、常日ごろ心して浄霊を受けていることが大切です。後述しま

すが、浄霊は神霊治療とは関わりなく、自分の霊格の上昇、守護霊のパワーアップために、規則的に受けていることが大切なのです。常時浄霊さえ受けておけば、慢性憑依も無感知性憑依も心配無用ということになります。

Part.2

現代的神霊治療の考え方

医学と共存する正しい神霊治療

霊魂の実在について、現代医学の領域では認めておりません。現代医学には憑依霊や霊障という概念はありません。したがって、病気が神霊治療によって治るという論理は現代医学にはありません。

私は、大霊界、大宇宙、人間界のそれぞれの次元によってこの世は組み立てられていると信じていますので、霊魂の関わりによって病気が発症することを信じています。実際に私は、憑依霊によって病を得て、長い間苦しめられ、神霊治療によって救われた人を多数見てまいりました。

病気のみならず、霊魂は運勢や才能などにも関わって、それぞれの人生に、重要な役割を果たしています。すなわち、私たちは霊によって健康や良運を得たり、霊によって不幸に突き落とされたりします。すなわち人間は、よい霊や、悪い霊によって人生を左右されるということになります。前著「神と霊の力」は、霊界と現界の関わりをわかりやすく解説し、霊的人生を歩む参考書となることを願って執筆いたしました。

いつも私が胸を痛めるのは、神霊治療を求めている人から多額の治療費を取って、挙句の果てには病気をこじらせたり、死に至らしめる悪徳霊能者の存在です。

医者や宗教者の中にも悪い人がおりますが、霊能者は前述したように、神霊の使徒として人間救済の使命を帯びていることを一時《いっとき》なりとも忘れてはなりません。真の霊能者は悪事を考えたり、思いついたりしないことを心に深く刻んで苦しむ衆生《しゅじょう》に向かい合わねばなりません。

病気の中には、霊の関わりによって起こるものと、霊には関わりのない病気があります。霊によって起こる病気の場合は、原因となっている「霊障」を解除すれば病気が快癒いたします。しかし、ここではっきりと認識していなければならないのは、霊的原因によって発症した病気も症状は通常の医学的病気と変わらないということです。

非常にわかりやすい例で述べるなら、日常的に起こる風邪のような病気も霊障で発症することがあります。それなら霊の関わりによって引いた風邪は、通常の風邪と症状に違いがあるかといえば、ほとんど違いがありません。実際は微妙な違いがありますが、ほとんど見分けがつきません。すぐれた霊能者でもよほど注意して霊査しなければその識別は難しいのです。そして、問題なのは霊的関わりによって引いた風邪でも、肉体的に現れる病状は同じです。それゆえ、霊障によって起こった風邪でも、医師の処方する薬によって風邪の症状が消えるのは当然です。

ここが問題なのですが、霊障によって発症した風邪であるから、除霊すれば、すぐにその場で風邪の症状がぴたりと止まるかといえば、必ずしも除霊によって即座に症状が消えるというわけではありません。むしろ、痛みのような症状の場合は、神霊治療が終わると、即座に、薄紙をはぐように痛みが消えることがあります。しかし、内科的な病気は神霊治療が終わればすぐに症状が消えるというわけにはいきません。もちろん、即座に消えるものもあります。

除霊が成功しても症状がまだ残っているようでしたら、このような場合、医師の処方する風邪薬によって完治が早まるということはあります。

神霊治療の成功によって風邪の症状は快方に向かいますが、即座に症状が消える風邪ばかりではありません。そんな場合に医学治療を併用することで完治が早まります。霊障の解除により、霊的な悪影響がなくなった身体に、医薬を用いることで、薬の効果が顕著に出るためと考えられます。医薬と神霊治療のコラボで、風邪の症状が翌日には拭われるように消えます。

これこそが神霊治療と医学のコラボによる病気克服法ということになります。風邪のような、日常的な病気ばかりではなく、ガンや喘息のような難病は、神霊治療と医学のコラボレーションによってよい結果が得られます。

霊能者の中には医学を軽んずるような古い人もいますが、真の人助けのためなら、治療に役立つことは、何でも取り入れて早く病気の苦しみから救ってやるというのが進歩的な霊能者の見識だと思います。

逆に、医学偏重で神霊治療を軽んじた場合はどうでしょう？　ちなみに、もし医学だけで霊障が原因の風邪に対処した場合、一応は風邪は治癒いたします。しかし、憑依霊の霊障はそのまま、その人の中に残っていますので、再び風邪を発症させます。除霊されないままですと、医薬の効果で治っても、すぐにまた、風邪を引いてしまいます。

風邪を引きやすい体質の人を霊査してみますと、憑依霊を残したまま、風邪の症状だけを治しているので、何度もぶり返しているのです。

その逆もあります。たとえ霊障による病気でも、病気が進行し、ある限界を超えますと、憑依霊を解除しても病状だけが残ることがあります。このような場合は、医学の力によって治療するしかありません。このようなケースの典型的な例としては「ガン」などがそれに当てはまります。霊障によって発症したガンでも、進行すれば、除霊だけでガン細胞を死滅させることはできません。神霊治療に加えて、医学の力によってガンを取り除くしかないのです。そのような場合でも、神霊治療によって憑依霊を除霊しておきますと、転移や手術の失敗を高い確率で防ぐことができます。

神霊治療は万全で、医学の治療は病気を悪化させるというような暴論は新しい時代を生きる霊能者は言ってはなりません。また逆に医学万能で、神霊治療は迷信だと考える人は霊障によって苦しみ続けることになります。

神霊治療を受けつつも、科学の力によって補足できることは、積極的に霊的生活に応用することが幸せな人生を歩む条件でもあるのです。

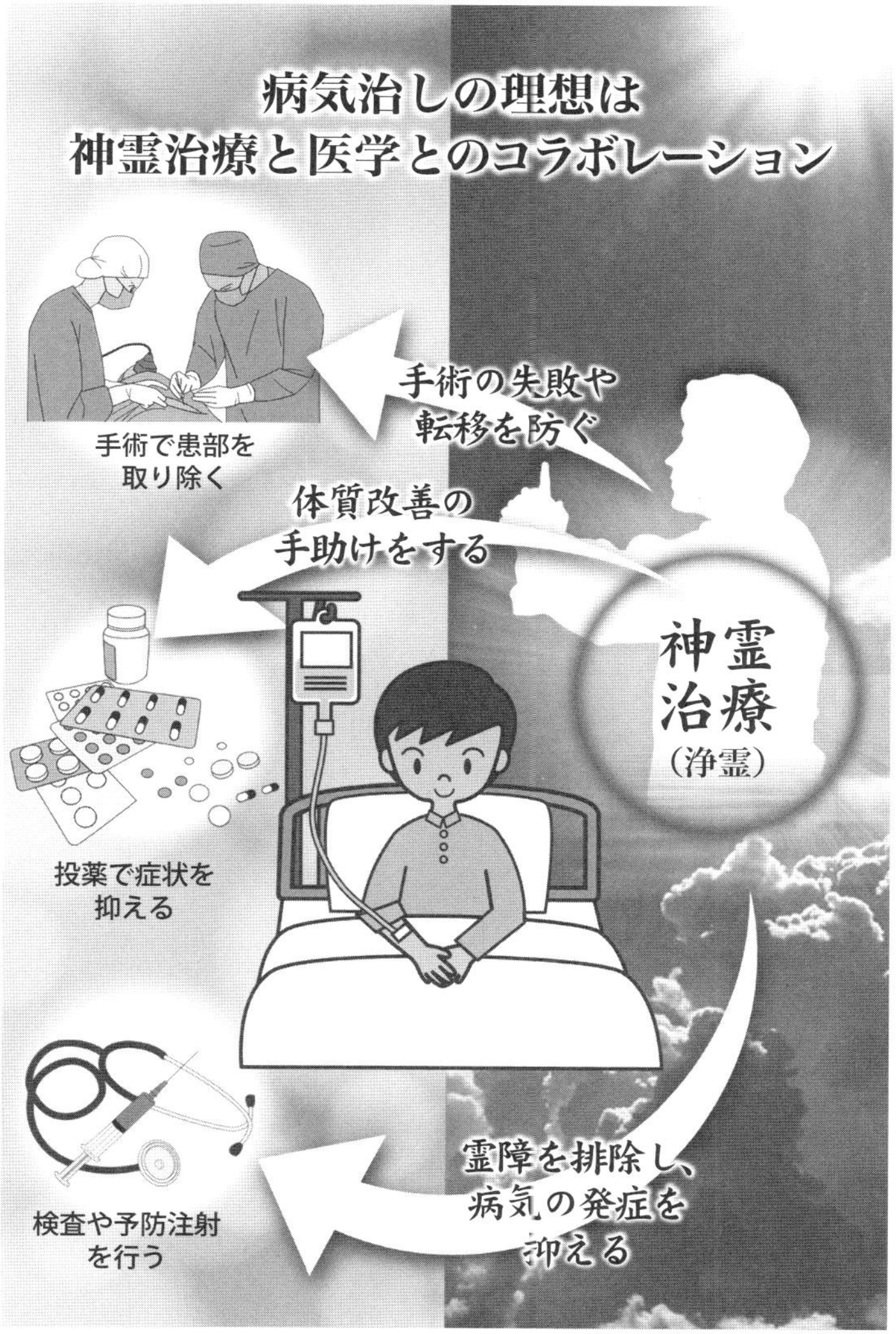
病気治しの理想は
神霊治療と医学とのコラボレーション
手術の失敗や
転移を防ぐ
手術で患部を
取り除く
体質改善の
手助けをする
神霊
治療
（浄霊）
投薬で症状を
抑える
霊障を排除し、
病気の発症を
抑える
検査や予防注射
を行う

迷える霊の救済が神霊治療の原点

神霊治療にも現代医学と同じように発展の歴史があります。神霊治療の始まりは原始宗教とともにあったと考えられます。

原始宗教の成り立ちは精霊信仰から始まります。自然界には、人間を守ってくれる大いなる力があり、人々はその「大いなる力」を畏《おそ》れかしこみ、神として崇《あが》めたのです。

前著の「神と霊の力」においても述べましたが、日本神道の基《もと》は、精霊信仰でした。雨にも風にも火にも神が宿るとして信仰しました。自然崇拝が日本神道の原点です。すなわちこの大自然界、大宇宙に存在する神に祈って困難を克服しようとしたのが原始宗教です。神霊のエネルギーによって病気を治す神霊治療の源流に自然崇拝があるといえるかもしれません。

古代の人たちは、人間が不幸になるのも、幸せになるのも見えない力に操られた結果であると考えました。信仰心の篤い人は幸せになり、神を蔑《ないがし》ろにする人は不幸になると考えました。

巷に火事が起こったり、流行病《はやりやまい》が拡がると怨霊の怒りによってもたらされた祟《たた》りと考えました。怒り荒ぶる精霊（怨霊）を鎮めるために、神として祀って怒りを鎮めました。このようにして日本の神道は各地に神を祀って信仰者を広げていきました。集落には神と意思を通じることのできる呪術者がいました。この人には霊能力があり、その霊能力によって、現実の困難を解決していきました。

日本神道と仏教やキリスト教は異なります。仏教は釈迦の教え、キリスト教はキリストの教えを信仰する宗教です。教えの宗教は、迷いや苦しみは自己の中にあり、自己の考え方によって苦悩から這い上がり、苦しみから逃れるように説きました。その救いの哲学が仏典でありバイブルです。神霊治療の原点は教えの宗教ではなく祈りの宗教です。

千年以上も前に仏教は日本に伝来しました。やがてキリスト教も日本に入ってきます。実際は仏教やキリスト教には呪術的な要素はないのですが、神や仏には神通力があると考えられ、集落の中で困ったことが起こると、僧侶や牧師は祈りを捧げて困難を取り除こうとしました。教えの宗教も祈りの宗教的要素を取り入れました。

宗教が伝来するまえには、集落の中には、巫女や神主がおり、祈祷によって神と交信し村人の悩みを解決しました。日本ばかりではなく、世界中どこにもシャーマンと呼ばれる神と人間の仲立ちをする人がいて、病気の人が現れると、祈祷によって病を取り除くお祓《はら》いをしました。

今、考えるとシャーマン（呪術者）は、一種の霊能力の保持者だったと考えられます。神の声を聞く人ですから、特殊能力が必要だったと考えられます。

仏教においては、祈りの宗教を取り入れて、仏の力で現実を改革する祈祷法などが編み出されました。護摩供養などはその典型的な形です。護摩木を焚いて、激しく祈り、呪文を唱えて仏と一体になり、仏の功徳力で現実を変革するわけです。これも広い見地から論ずれば、一種の大いなる力（神）との交信の手段といってよいでしょう。

病気が邪気によって起こるということは、古い昔から考えられていましたが、憑依霊が原因であると考えられるようになったのは、昭和に入ってからと考えられます。現に、近代の心霊研究には「霊障」という概念はありません。悪い霊の憑依によって起こるさまざまな悪い現象は、言葉としては「憑霊現象」と呼ばれています。

大昔は、霊魂の憑依現象を狐憑き、蛇に憑かれたと考えていました。人間の低級霊が憑依霊となって病が起こると考えるようになったのは昭和に入ってからだと思われます。

昭和に入ってからは、仏教の亜流として、「因縁霊」による病気の発症を主張する人がおりました。人間はおびただしい先祖の末裔として現在を生きているという考え方です。それゆえ、先祖の悪因縁を背負ってきており、これが霊障となって現世に吹き出したという考え方です。因縁を解脱することで幸せになるという論理展開です。このために因縁を切らなければならないということで多額の祈祷料を集めたわけです。

ひと頃、水子霊の供養ブームがありまして、多額の供養料を集めた僧侶もおりました。水子霊の祟りの恐ろしさをアピールすることで供養料を集めたのです。

今まで、病気治しと信仰の接点について歴史的な経緯をざっくりと、かけ足で述べてきました。人間の発する、あるいは人間が神に働きかけるヒーリングパワーには、いろいろな視点がありますが、実際はこれだというものを一つだけ取り出すというのは無理があるのです。医学外のヒーリングパワーは、科学的に分析できないからです。確かに祈って治った病気もあります。それを偶然ととらえるか、神秘の力ととらえるかによって評価は極端に分かれます。

果たして霊障という概念は存在するかどうかということですが、大霊界の実在を根底にして霊的生活を送っている私にとりまして、霊障は重大なウィークポイントなのです。

ところで霊障による病気の本質は何かということですが、霊が救われたいという思いを人間に訴えている現象であることは間違いありません。

本来人間は、死を迎えることで、霊界において、安らかな修行のときを与えられ、さらなる高い位に上るために魂の修練を始めるのです。ところが、異常な死に方をした場合、すなわち、無念の死に方や突然死で死を自覚しない場合、あるいはこの世に未練を残して死んだ場合、または、悪辣な生涯を生きた人間などは、霊界に入っていけずに浮遊霊や地縛霊、狂霊など、迷える低級霊となってさまようのです。どんな霊が憑依霊になるかという点につきましては、前著「神と霊の力」において、詳しく解説しております。ぜひ、併せてご購読いただきたいと思います。

一見、憑依霊は人間に復讐するために霊障を与えるように思われますが、それは、人間世界の考え方を霊の世界に当てはめて考えているだけで、憑依霊には復讐の意識はありません。霊の復讐譚は芝居や映画になってはいますが、霊がお化けになって祟るというようなことはありません。霊が人間に復讐をするという例は、まるっきりないわけではありませんが、ほとんどないと考えてよいでしょう。

それなら、何で霊障を与えるかということですが、霊は、人間に救ってもらいたいのです。力のある霊能者によって浄化してもらい、念の汚れを浄化してもらって霊界に入っていき、確かな居場所を見つけたいのです。

浮遊霊、地縛霊など、迷える霊を一括して低級霊と呼びますが、低級霊は、死に方が異常なために、現界の念にがんじがらみになって霊界に入って修行ができないのです。現界への思い（念に汚れた魂）が強すぎて霊界に入っていくことはできません。そこで、霊は人間に憑依して、自分の苦しみを訴え、念の汚れを洗い流してもらいたいのです。すなわち、助けを求めているのです。

問題はどんな病気として人間に現れるかということです。前著「神と霊の力」でも述べていますが、憑依のルールや病気の現れ方にルールもパターンもありません。

先祖が憑依霊になることもあれば、全くの赤の他人に霊障を受けることもあります。全くの無縁の霊に重い病気の霊障を与えられるのは、被憑依者にとっては迷惑な話ですが、これも大霊界の仕組みですから憑依霊を恨んでみても仕方がありません。

憑依霊となって現界の人間に救いを求めてきている迷える霊を救済するというのが、神霊治療の原点です。いまだ、憑依霊とは無関係に暮らしている人は、これから以後も憑依霊に狙われないように、自分の霊格を高めておくことが霊的人生を歩む者の基本的な心得というべきでしょう。

神霊治療が成功すればどんな病気も治せるか？

神霊治療の原点は、憑依霊を浄化して霊界に送り届け、修行の場所を与えることだと前項で申しあげました。すなわち、迷える霊の救済が神霊治療の基本ということです。憑依霊は浄化されることで、霊界に修行の場所をみつけることができます。それは、取りも直さず霊障で苦しんでいる人から憑依霊を除霊してやることに通じます。

憑依霊は自分の救済を求めて人間に苦しみを与えます。その苦しみを霊の苦しみとして受け止めて、浄霊してやることによって霊も被憑依者も救われるのです。「霊を救う」ことで病気を治すという形こそが神霊治療の基本です。この理屈が神霊治療の中心です。この理論が正しいという前提に立てば、憑依霊によって発症した病気なら、どんな病気も治せるということになります。

ただ前述のように、原因は憑依霊によって発症した病でも、病気そのものは通常の病気と変わるものではないので、放置していれば病気はどんどん進行します。初期なら神霊治療によって症状が消滅しますが、何年も経過していると、神霊治療だけで完治しない場合もあります。このような場合、医学治療の補助が必要となります。医学の力を借りることで速やかに健康体を取り戻します。

憑依霊によって発症した病気か、霊に無縁の病気かは一般の人では判断できません。霊障の場合は、医学治療によって治っても、すぐに再発します。また、霊障が原因で発症した病気は、通常の医療行為によっては治りにくいということになります。

どうして、病院通いを規則正しくしているのにすぐに治らないのだろう？　そんな疑問を感じたら、一応、霊障を疑ってみるということは大切です。

病気が進行していて、浄霊の神霊治療だけでは症状がおさまらない場合でも、神霊治療の後には、医学治療によって速やかに病状がなくなります。

霊障によって発病する病気の中に、まれに常識的に判断の難しい病気があります。精密検査でも病気の診断がつきにくいという病気です。このような病気の八割程度は霊障による病気と考えられます。霊障によって引き起こされる原因不明の病気の場合、難病でも、神霊治療後、まるで夢を見ているように病状が消滅することがあります。本書でも紹介した、何十年も歩けなかった人が、神霊治療後、すたすたと歩けるようになったというのは、典型的な霊障と考えられます。

医学は神霊（心霊）実在を認めていませんので、当然ながら霊障という概念はありません。したがって神霊治療（浄霊による病状の解除）の効力についての理解はありません。何十年という長い歳月を苦しんできた病気が、突然治ったのは、偶然と考えたり、やっと薬の効果があらわれてきたと考えます。

神霊のエネルギーを神の加護、神の偉大な神秘力と考えた場合、神霊治療は、憑依霊の浄霊のみに威力を発揮されるものではありません。憑依霊の霊障のみならず、人間の危機や困難に救いの手を差し伸べてくれると考えることができます。

本書の体験談でも紹介したように、くも膜下の出血で、命の危機にさらされた人の家族が「聖の神」に一心不乱に祈りを捧げ、ついに生還したという感動のドラマがあります。

このときのくも膜下出血は霊障のためではありません。しかし「聖の神」は命の危機に手を差し伸べてくださったのです。この場合は神霊治療ではありませんが、「聖の神」のエネルギーが一人の命を救ってくれたのです。この事実を普遍的に拡大して考えることもできます。すなわち、霊障のみならず、あらゆる困難、苦痛、病気にも「聖の神」のご加護がいただけるということです。

以上のことを前提に考慮するならば、霊障のみならず、どんな病気にも神霊治療（聖の神の救済のエネルギー）は有効ということになります。

病の苦しみ、人生の不運、人間関係のトラブル……、どんな人生の局面でも神霊治療は有効なのです。人生の不運や人間関係のトラブルの改善を神霊治療と呼ぶのに抵抗がある人は、「病気には神霊治療」そして「開運には運気向上の浄霊」というふうに考えてください。守護霊の低迷や低級霊の憑依は、病気ばかりが悪い現象として現れるわけではありません。物を失《な》くしたり、怪我をしたり、友人と仲違いをしたり、運が悪くなったりという形で現れることもあります。心して浄霊を受ける習慣をつけておきたいものです。

神霊治療でも治らない病気について

「聖の神」の「救済のエネルギー」は偉大にして強力ですから、本来は、治らない病気というものはないはずです。しかし、それは原則論で、現実的な考え方ではありません。実際に超神霊のエネルギーをもってしても、治すことは困難という心身の不調はあります。

例えば原発の事故などによって被害を受ける「放射線障害」などは神霊治療よりも医学的治療を優先したほうが無難です。ただし、医学的治療の効果を高めるための補助的な手段としての神霊治療は有効です。神霊治療は人間の身体が本来持っている自然治癒力を高めるからです。その場合は、医学的治療の効果を推進するための神霊治療ということです。

霊障による病気の中で比較的例が少ないのは「細菌やウィルスの感染」によって起こる病気です。細菌やウィルスによって起こる病気には、ノロウィルス、インフルエンザ、エイズ、マラリアなどがあります。細菌やウィルスが原因の病気の多くは、霊障には無縁の病気です。霊障に関係がないのなら、やはり医学治療を中心に据えて治療すべきです。

細菌によって伝染する病気の中に、俗に肺病と呼ばれる「肺結核」がありますが、この病気は霊障によって伝染する場合があります。しかし、一度細菌に冒された肉体は神霊治療で治すには困難を伴います。結核には効果薬がたくさん発見されていますから、神霊治療との併用によって治癒力が大きくアップすることは十分に考えられます。

細菌やウィルスが原因の病気の中にも、神霊治療によって細菌が死滅し、病気が回復した奇蹟的な例も皆無ではありません。しかし周囲の人へ伝染させる危険性もあるので、神霊治療に固執するよりも隔離施設のある病院などでの治療を最優先させるべきです。医学治療を行いつつ、回復力増強のために、神霊治療を補助的に利用するということなら意味があります。

また「化学物質」によって引き起こされる病気も、霊障は比較的少ない病気です。人体に弊害のある化学物質は「環境ホルモン」という別名があります。これは、自然が生み出した物ではなく、人間が排出した有害物質です。ダイオキシン、カドミウム、有機水銀、建材に含まれる発ガン物質のアスベストによる肺ガン、排気ガスによる呼吸器障害なども霊障とは関係ありません。

花粉症も、霊障とは無縁ですが、神霊治療によって治る人が多いのです。これはいかなる理由なのか、そのエビデンスについては確かなことは不明です。ただし、鼻詰まり、目のかゆみなどは霊障によって起こることもあり、神霊治療で治癒するのは、花粉症ではなくあるいは霊障の鼻詰まり、目のかゆみかもしれません。霊障によって起こった鼻詰まり、目のかゆみが、霊障の解除で治っているのを花粉症が治癒したと錯覚しているのかもしれません。また、「聖の神」のエネルギーは、あらゆるゆがみや不調を元に戻す偉大な力を秘めていますので、霊障に関わりない花粉症にも効果があったと考えることもできます。

麻薬、酒、薬物などの中毒も、遠因としての霊障は考えられるのですが、除霊して霊的にはきれいな肉体になっても、中毒症状は肉体に残ります。アルコール中毒の例では、生前酒好きだった低級霊に憑依された人が、酒に溺れるようになった例はあります。その例では、急性アルコール中毒で亡くなった人の霊に憑依されたのです。その結果、被憑依者は酒に溺れて病気となり、浄霊して辛うじて健康体となって社会生活に復帰したという例がありました。ただ、神霊治療によって憑依霊は除霊されたのですが、依存症という症状は消えませんでした。神霊治療の後、医学治療でやっと中毒から抜け出たという例がありました。

憑依霊による、破滅への誘惑については後述します。

他に「精神障害」も神霊治療で治りにくい病気です。憑依霊の霊障によって精神障害の症状が出たとしても、超神霊のエネルギーを吸収する回路まで狂ってしまうと、除霊は非常に難しくなります。このような場合は、医学の力で正常心を取り戻し、後に浄霊を受けたほうがよいと思います。憑依霊の霊障による精神障害は、除霊は難しいのですが、神霊治療が成功しますと、二度と再発することはありません。

人間を破滅させる憑依霊の恐ろしさ

急性アルコール中毒で亡くなった人の憑依霊によって、酒好きになった人の例を前述しました。その中で、神霊治療だけでは治りにくい例として、アルコール中毒や薬物中毒があることを引用いたしました。

神霊治療と病気の関係で、たとえその病気が憑依霊が原因で発症したとしても、一度病気になってしまえば、病気は進行していきます。神霊治療で病気の進行がストップし、症状も同時に消えてしまうケースもたくさんあります。しかし中には、神霊治療は成功し、霊障は解除されたのに、病気の進行は止まらないという例もあります。神霊治療で霊障が消滅しても、病気は、神霊治療で治らず、そのまま進行するということです。中毒やガンなどはそのケースに当てはまります。

初期なら、神霊治療を受けるのと同時に憑依霊が除霊され、酒や薬物をやめる人もいます。同様に、初期のガンなら、神霊治療によって憑依霊が除霊され、同時に悪性の腫瘍が良性に変化したり、まれに腫瘍が消滅することもあります。

まず、ここでは霊障とアルコール中毒について述べましょう。ある、岩手県の県南の男性、Bさん（三十六歳）のケースです。Bさんは酒を一滴も呑めないというわけではありませんが、酒好きというほどではありません。晩酌の習慣もなかったそうです。Bさんは勤め先の宴会で酒を呑む以外、酒に無縁の生活を送っていました。

ところが、そのBさんが、あるときから無類の酒好きに変わったのです。

「酒とはこんなにも旨いものだとは今まで思わなかった」

Bさんは奥様と職場の同僚に述懐しています。

奥様は少しくらい酒を呑んだほうがいいと常々考えていましたので、夫の言葉をむしろ歓迎したほどです。職場の同僚も、今まで付き合いの悪かったBさんが酒好きになったことを大いに歓迎しました。

ところが奥様も同僚も、Bさんの酒好きに対して好意を持ったのは最初のうちだけです。あまりに急激な豹変ぶりに周囲の人たちは顔をしかめ、非難の眼差しを向けるようになりました。

Bさんは一か月もしない間に、朝から酒を呑むようになりました。職場で酒臭い息をまき散らし、職場の同僚の、まさに鼻つまみ者になってしまいました。

朝、出勤の途中に酒屋の自動販売機でワンカップを買い、一気呑みをしてから会社に向かうのです。昼食のときも、会社から遠いところにある、町外れのラーメン店に行き、ビールを注文します。会社の側のレストランや食堂では同僚と顔を合わせるので、わざわざ、離れた場所に昼食に出かけるのです。そんなわけで会社でも、ほぼ朝から晩まで酒浸りの状態です。そのうちに、酒代に困ってきて、同僚に小銭《こぜに》の借金をするようになりました。

Bさんは有能な社員だったのですが、酒のために仕事にミスが目立つようになりました。当然、車を使っての外回りなどはできません。

半月ほど我慢していたBさんの上司（営業部長）は社長にすべてをぶちまけました。その翌日から、Bさんは自宅待機を申し渡されました。

Bさんは、酒のために体に黄疸《おうだん》症状が出はじめたため、奥様はBさんを強制的に入院させました。これが結果的に彼の破滅を救ったのです。

あまりに急激なBさんの変化を不思議に思った奥様は、友人に相談して、日神会のことを知りました。その友人の紹介で奥様は私に電話をかけてきました。

その電話でBさんについての一部始終を知ることとなりました。Bさんは、二十日間ぐらいの入院加療が必要だとのことでした。

「退院したらすぐにお連れしてください。そうでないと同じことをくり返しますよ」

私は強く言いました。

Bさんの行動に霊障の疑いを感じたのです。

その日から一か月ほどして、Bさんは奥様とともに上京してきました。

律儀そうな素朴な男性でした。しかし、どことなく落ち着きがなく、視線が定まりません。霊障を受けている人特有の雰囲気を身に付けています。

いろいろと霊査をしているうちに、急性アルコール中毒で亡くなった人の霊に憑依されていることがわかりました。さっそく憑依霊の除霊をいたしました。

Bさんは、以後、酒を一滴も呑まなくなったそうです。Bさんはまだ、軽度の依存症でしたので、医学治療を受けずに立ち直ることができました。もしこれが完全にアルコール中毒の患者になっていれば、除霊だけでは立ち直ることはできなかったでしょう。

同様のケースで、薬物中毒の患者がいました。憑依霊の除霊は成功したのですが、それでも薬の誘惑に勝てないほどに薬に毒されていました。このケースでは、病院に長期入院して、やっと立ち直ることができたのです。きっかけは憑依霊でも、薬に冒されてしまえば、除霊だけでは手の打ちようがありません。医学の力で、正常な肉体に戻すしかないのです。

憑依霊は、病気を発症させることで、自分の思いを人間に伝える、というものばかりではありません。霊障が原因の病気なら、特殊な病気以外は神霊治療でほぼ完全に治ります。ところが、人間を破滅に追い込むことで怨念を晴らすという邪悪な霊もあるのです。霊界に入って修行するという、本来の霊魂の上昇志向を放棄した低級霊です。もはや、低級、高級という分類に入らない、地獄魔界にのたうつ狂霊です。このような霊は、人間を破滅に追い込むことで、霊魂の存在価値を味わうという厄介なケースです。

エイズのような、まだ完全な治療法が確立されていない病気は、憑依霊によって発症することはないのですが、人間の破滅を喜ぶ憑依霊の仕業で、感染させるように仕向けられることはあります。

薬物に手をそめたり、アルコールの世界に引きずり込むように仕向けるのも相手を破滅に追い込むためです。被憑依者を破滅や絶望に追い込むためです。

そのような狂霊の念によって、仲睦まじい夫婦が急にいがみ合ったり、恋人同士が憎しみあって別れさせられたりすることもあるのです。恐ろしきかな狂霊、邪霊ということです。

あるいは、性悪男や悪女との出会いをつくり、すんなりと結ばれるように仕向けて、まともな人の人生を踏み外させようと企むこともあります。

そこまで決定的でなくとも、低級霊のいたずらで、友人と仲違いをさせられるということなどよくあることですから、そんな場合、一応霊障を疑ってみることも大切です。

瞑想、自己浄霊、ときには力のある霊能者によって浄霊を行うことを生活のパターンとして取り入れながら霊的生活を生き抜くことが大切です。

自己神霊治療と自己浄霊法の有効性

日神会は、希望者に自己神霊治療（浄霊）法を伝授しています。自己神霊治療も自己浄霊法も呼び方は違っても、その技《わざ》は同じです。

自己神霊治療は自分の体調不振や突然の病気のときに、自分で治療する応急処置です。また、自己浄霊は、特別に体調が悪いわけでも、病気というわけでもないが、自分の霊格を高めたり、憑依霊を防止するためにに折にふれて行うというものです。

神霊治療も浄霊も、本来は力のある霊能者によって他者浄霊をしてもらうのが一番確実な方法なのですが、長崎、東京の各聖地にしばしば訪ねることは無理というものです。そこで、各自、日常的に行う自己治療法（自己浄霊法）の技法を、初代会長隈本確（聖の神霊位）は編み出したのです。約四十年の歳月をかけ、改良や実験を重ねて確立された技です。

突然の痛みや苦しみ、原因不明の体調不振などのとき、自己神霊治療によって症状をひとまず安定させてから、後日、都合のよい日に日神会を訪ねて正式な神霊治療、あるいは

人類の守護神『聖の親様』のご神体『聖』の文字。実際のご神体は真っ白にキラーッと光り輝いています。

浄霊を受けるということが大切です。

自己神霊治療は、実際の御神体「聖の神」の御札からエネルギーをいただくのですが、ここでは、書物に印刷された「聖」の文字を、御神体になぞらえて説明いたしましょう。

実際の御神体は「聖」の文字が銀白色にキラーッと輝いています。しかし、本書の文字は墨一色で、実際の御神体とは異なります。ただし、本書の文字にもエネルギーが封じ込められておりますので、それなりの効果は確認できると思います。

「聖の神」の神示はこのように伝えています。

「余《よ》の力を引くときはまっ白くキラーッと光る『聖』の文字を余と信じなさい」

この神示を、初代の隈本確は受けています。神示の如くまっ白くキラーッと光る『聖』の文字は神そのものなのです。そのことを改めて確信してください。

「自己神霊治療法」の基本の技《わざ》についてポイントを述べておきます。

一、できるだけ静かな場所、一人の方が望ましいです。テレビやラジオなど音の出るものは消してください。森閑とした静寂が効果があります。まず雑念も取り払ってください。（前著「神と霊の力」で、瞑想法について述べています。参考にしてください）

二、姿勢は正座、あぐら、椅子を問いません。自分にとって一番リラックスができる姿勢が好ましいです。
三、「聖」の文字に視線を向けてください。
四、自分の悩み、身体的苦痛を「聖の神」にお預けしたと信じて、精神を統一して「聖」の文字を注視しましょう。
五、超神霊「聖の神」に心の波長を合わせるために、右手の親指を握ってこぶしをつくり、胸（みぞおちの上、約五センチ辺り）に当ててください。その右手の置かれている辺りが「聖の神」の発するエネルギーのチャンネルとなるのです。

こぶしを胸に当てたまま、次のように祈ってください。

「我、最高の神なり」「我、最高の神なり」と、ゆっくりと、しかし気迫をこめて、何度もくり返してください。

「自分が神だなんて変じゃないか？」

そんな、疑問は持たないでください。

超神霊のエネルギーを自身が「神」となって吸収する（いただく）ためです。すなわち「聖の神」の波長に自分の波長を合わせるためのテクニックです。

何度も心のうちで「我、最高の神なり」と、くり返している間に、気持ちが鎮まってきます。何ともいえない清々しい気持ちになってきたら、浄霊が成功しているのです。浄霊が成功するということは、神霊治療がなされたということですから、今まであった身体の不調や痛みが薄らいでいるはずです。また、心にわだかまる、もやもやした思いが消えてすっきりした気持ちに変化しているはずです。

六、胸に当てていた手をゆっくりと下ろし、「聖」の文字を注視してください。注視しながら、「聖」の文字がキラキラと銀白色に輝いていることをイメージしてください。

七、「聖」の文字が輝くイメージをしっかりと抱けたら本書の「聖」の文字の印刷しているページを胸に近づけてください。「聖の神」は私の中に《入っている、入っている》と激しく思い、力を込めて「聖」のページを胸に押しつけてください。

八、「聖の神」は自分の中に入っていると強く信じ、よりいっそう深く胸にお取り入れ

自己神霊治療（浄霊）法

1

101ページの「聖」の文字をしっかり見つめる。眼を閉じて、真っ白くキラーっと光る「聖」の文字を心（胸の中）に描き、文字が浮かぶように努力する。

2

101ページの「聖」の文字が真白にキラーっと光るように想い描けたら、胸に当てる。そして、自分の胸の所に超神霊「聖の親様」がおられると信じ切る。

3

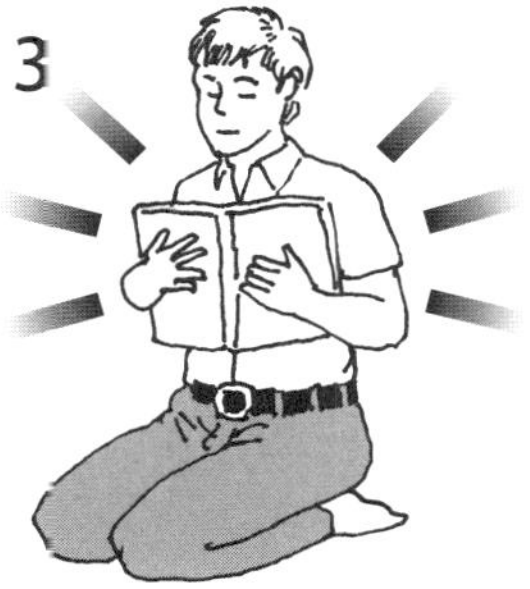

胸の所にいらっしゃる超神霊「聖の親様」より吸いの呼吸で超神霊エネルギーをいただく。「聖の親様、超神霊エネルギーを私にください。お願いしまぁーす」〝すー、はぁー、すー、はぁー〟と体全身に吸いの呼吸で「聖の親様」の超神霊エネルギーをいただく。

4

頭が痛ければ頭に、腰が痛ければ腰に「聖の親様、超神霊エネルギーをわたしにください、お願いしまぁーす」〝すー、はぁー、すー、はぁー〟をくり返す。３〜５分で痛みや苦しみは快方に向かう。

するために深い呼吸をくり返します。《吸いの呼吸》を自覚して行います。

吸う・吸う・吸う・ふうっと吐き、再び、吸う・吸う・吸う・ふうっと吐き……この呼吸をくり返します。

九、吸うごとに「聖の神」の超神霊エネルギーが体内に深く入り込み、不調や痛みを拭っていくことをイメージしてください。この思いが深く自己に浸透していけば、身体が軽くなったような心地がして、全身にかすかな暖かみが感じられます。

日神会では長崎・東京の聖地にお出でいただけば、練達の霊能者が直接伝授いたします。

医学治療にも、薬の効きやすいひと、まったく薬の効かないひとがおります。同様に、自己神霊治療においても、その素質によって個人差があるのは当然です。最初のうちは技法を飲み込むことができないために、効果を発揮することができない人もいます。呼吸法が上達したり、自然に会得できたときに突然効果が現れることがありますので、最初何も感じられないからといって、あきらめないで続けてください。

自己神霊治療は霊的生活を続ける上で重要な技《わざ》です。霊能者に神霊治療（他者浄霊）を受けて苦痛から逃れる間の応急処置として、ぜひ会得していただきたいと思います。通常の病気でも、医師に治療してもらうまで、応急手当をしなければならないことがあります。

例えば出血が多い場合の止血とか、心臓マッサージによる蘇生などの応急手当の後に救急病院に運び込まなければならないこともあります。自己神霊治療法もそれと同じ理屈です。聖地で霊能者による神霊治療を受けるまでのつなぎの浄霊ということです。

本書の体験談でも紹介しましたが、車の運転中に突然脳梗塞で倒れた人が、「聖の神」の名を呼ぶことで、意識を回復し、自宅まで運転して帰ってきたという事実がありました。これも一つの自己神霊治療による救急対応といえないこともありません。

効果的な神霊治療を受けるために

神霊治療とは、ポリシーとしては、神の偉大で、強力なエネルギーによって歪んだ心身を復元することです。

具体的な技術としては、憑依した低級霊を浄化し、除霊することで健康な心身を取り戻すということです。神霊治療は本来憑依霊の除霊のみに有効というわけではありません。神の持つ崇高な神秘力の応用ですから、憑依霊の除霊以外の治療にも有効です。ただ、大霊界の法則によってもたらされる病気は、多くの場合低級霊の憑依によって発症するので、神霊治療と憑依霊の除霊が論じられるのです。本書の体験談による奇蹟の数々は、半数以上は霊と無縁の神秘力の発現です。

神秘力はまだ科学的に証明されていませんが、人間救済のためのエネルギーです。このエネルギーを端的に「神」と呼んでいるのです。私が「神」と呼ぶ場合、それは、日神会の守護神であられます「聖の神」を指すのは言うまでもありません。

「聖の神」の御力《みちから》は、日毎に強大になっており、単なる除霊や病気治しにはとどまりません。この世のゆがみの修復によって人類を救おうとしてしているのですから、常にそのエネルギーに接して、運命を改善し、神の声に耳を傾けて人生の指針となし、偉大なエネルギーを浴びて、明日の活力をいただくようにしなければなりません。

本項の冒頭でも述べたように、神霊のエネルギーは偉大です。常時、浄霊することは低級霊の憑依を防止し、霊障による病気や災厄を逃れることができます。加えて免疫力を高め、通常の病気にもかかりにくい身体をつくり、悪運を消滅して運気隆盛の人生が開けることになります。

本項では、不幸にして病気になった人が神霊治療を受けるために、どんな心がけとマナーで臨んだらよいか、基本的な事柄について説明します。

神霊治療は、何度もくり返して述べておりますように、偉大な超神霊のエネルギーをいただいて、病気を治すことです。

医薬品や医師の力で治す病気は、科学的エビデンスに基づいて患部を治療します。したがって、医学的な論理が及ばない場合は治りにくいということになります。神霊治療は論理や科学を超越した偉大な神霊のエネルギーによって治します。

病院を転々として、何十年間も治らなかった病気が、数分の神霊治療によって治るというのは、神霊治療が論理や科学を超越した偉大な神秘力だからです。

この偉大な神霊のエネルギーをいただくのですから、深い心で信仰し、その敬虔な心によってエネルギーを吸収することが大切なのです。

私たちは、医師や病院や薬に対して不信感を抱くことがあります。医薬の場合は不信感を抱いても、病気を治す論理そのものは不変ですから、医師が間違いのない施術さえすれば、論理どおりに治癒していくことは期待できます。

神霊は論理でも科学でもありません。偉大な神のエネルギーです。神秘の力です。このお力をいただくのに、不信感を抱いて神霊治療に臨んではなりません。

私たちの神霊治療は、この世の最高神である「聖の神」のエネルギーをいただいて行います。「聖の神」は、日神会の守護神であり、「聖の神」の霊位となられた日神会初代会長にして偉大な超能力者隈本確（日神会守護神）のエネルギーをいただいて神霊治療を行うのです。

果たして神霊治療は成功するのだろうか？　本当にそんなエネルギーは存在するのか？　私の病気は治るのだろうか？　そんな疑念を抱いて治療に臨んではなりません。疑う心は神実在に対しての抵抗心です。

偉大な神「聖の神」様は、必ず私の病気を治してくださる。そう信じてひたすら祈り、ひたすら信じきることです。

これは、神に対してすがる心、救いを求める一途な気持ちです。この気持ちなくしては神霊治療は成功しません。ただ信じ、神にわが身を託すことです。

もう一つ大切な心は、いかなる場合もあきらめないことです。どんな場合も、神と自分を信じて投げ出さないことです。破れかぶれの気持ちで神霊治療を受けてはなりません。

「自分のこの痛みは、神のエネルギーによって必ず消える」

「私の病気は必ず治る」

そのように信じて病気と向かい合い、神霊治療を受けることです。

Part.3

初代隈本確の遺言の抜粋

――神となった初代会長が会員に遺《のこ》した想い

初代会長隈本確は自分の死を予感していた

日本神霊学研究会初代会長隈本確《くまもとあきら》は二〇一五年五月、長崎聖地において入滅し、御魂《みたま》となられ、天界へと旅立たれました。

それから約七分後、私宛に初代確は通信を送ってまいりました。「正二郎、喜び祝ってくれ。われ、無事に天界入りを果たした」との知らせでした。その言葉に続けて「われ、未来永劫、聖の神と成りて会員の暮らしを見守る」という言葉があり、それが最初に届いた初代確のメッセージでした。

初代確の声は人間の声から神の声に変わっていました。それだけが、有難くも、父を失った悲しみが私の胸底深くに湧いてまいりました。しかし、初代は「祝い喜んでくれ」と私におっしゃいました。自分の昇天を心から喜んでほしいとのお達しだと思います。

私は、人間としての初代確（父）を失いましたが、代わって初代は昇天され、「聖の神」となられて、いつも私たちを導き見守ってくださるのです。このことを実子として、また日本神霊学研究会の第二代会長として、私は心強くも有難く思った次第であります。

初代確は、八十余年の歳月を人間界で過ごし、天の招きによって神になられました。人間界での約五十年間は人助けのためにわが身を削り、余力を日本の神霊研究に捧げました。初代確の昇天は、本人にとっては喜ばしい神への転身でございましたが、日本の神霊研究者にとっては、哀惜この上のない痛恨といってよいでしょう。まだ、存命され、日本の神霊研究に新たな道を示していただきたかったと思います。

初代確は一九三二年に長崎に生まれました。

初代は、幼時より卓抜した霊能力で大人たちの目を見張らせました。他人の死を予知したり、天変地異に子供らしからぬ反応をみせました。あまりに鋭い指摘や意表をつく予知予言をする初代に、周囲の大人たちは苦々しく思い、「子供らしくもない振る舞い」だとして反感を覚えました。

初代確の両親（私こと第二代会長隈本正二郎の祖父母）は、神仏に信仰心の厚いひとでしたが、初代の並外れた霊能力を喜びませんでした。

人の死の予知は縁起でもないと、初代確はことごとに両親より折檻されました。また、天変地異の予言は、いたずらに世間を騒がす妄言として大人たちは嫌いました。中でも初代の圧巻の予言は、戦争の終結でありましょう。

初代が物心ついたときは、日本が東南アジア一帯に戦勝の足跡を刻んでいるときでした。それなのに、八歳の初代は「日本は戦争に敗ける……」とぽつりと口に出したのです。驚いたのは父親です。当時そんなことを言ったことが軍部に知られたら、子供とて容赦されなかったでしょう。場合によったら家族全員が牢獄につながれたかもしれません、
幼い初代確は、父親に、全身が腫れ上がるほどの折檻を受け、以後、恐ろしい予言など一切口に出してはならないと厳しく命じられました。

父親の折檻に恐れをなした初代確は、以後一切、敗戦のことを口に出しませんでした。子供たちと兵隊ごっこをするとき、初代確は、いつも敗ける側の兵隊となりました。父親に固く口止めをされたとはいえ、初代確の幼い心の中から、日本は戦争に敗れるという想いを消すことはできなかったのです。どんなに折檻されても、初代確の予知は、日本の敗戦でした。口には出しませんでしたが、初代確にとって、自分の予知はゆるぎないもので

した。初代確が兵隊ごっこで、いつも、敗ける兵隊になったのは、敵をやっつける側に立ったのでは、自分の予知が嘘になるからだったのです。

初代確の目には負け戦《いくさ》の残像が映じていましたが、それを語ることは、父によって固く封印されていました。幼い初代は、この予知をだれに話すこともできません。このときの予知は以後数十年に渡って初代の心の中に封印されていました、幼き日の世紀の大予言を、後年語ったのは、私が二十歳を過ぎてからでした。何気ない世間話のおりにふともらしたのですが、そのときの表情は胸にしまっていた秘密を吐き出したという、ほっとした気持ちが顔に表れていました。

戦争は初代が予言したように、日本の無条件降伏で終結しました。まぎれもない日本の敗戦でした。それは初代が小学校を卒業して高等科に進学した夏でした。

初代確の心の中には《それ見ろ》という思いがありましたが、初代確の父は、終戦の日にも初代確の予言については、何も言いませんでした。むしろ父も母も初代確の霊能力に不安を抱いておりました。あまりにも霊能力が勝っているために、そのことで、初代が身を滅ぼすのではないかと心配していたのです。

「余計なことは考えずに仕事に励め」

それが初代の父の思惑でした。世間に対しても初代の父親は息子の卓抜した霊能力を隠そうとしたのです。仕事にでも就けば、霊能力を使う機会がなくなるだろうと、初代の父親は無理やり初代を働きに出しました。初代は父親の思惑に従って自らの霊能力を心の内に封印して、それから以後、さまざまな仕事に従事して苦労に苦労を重ねました。

まだ幼いときには、初代確は自分の霊能力については、当時は深く考えてもいなかったようです。第一、初代には、神とか霊について何の知識もなかったのですから当然のことです。むしろ、人の死が予知できたり、人の聞こえないものが聞こえたりする自分がうとましかったと、当時を振り返って述懐しています。

当時の初代確は、自分の霊能力が並外れているだけに、既存の宗教に対して懐疑的であり、神の存在には冷ややかな態度を取っていました。

初代は、私に向かって「仕事仕事で明け暮れていたあのころは、私の修行の時代だったに違いない」と語ったことがありました。苦労を重ね、人間の裏表を知るにつけ、人を思いやる心を自らの内に育てました。それが初代確の修行時代だったのです。

初代確は、苦労しながら成長していく過程で、自分の霊能力は人を助けるために用いるのでなければ意味がないと考えるようになりました。人の心の中を覗いたり、他人の死を予知したりするだけでは、真の人助けではないと考えました。

——霊能者として立派な生き方をしたい。

初代確は、心の内で考えていましたが、自分の進むべき道は見えてきませんでした。

——人助けとして何を為すべきか？

答えの見つからないまま、仕事に追われる日々を過ごしていました。霊能者として生きる道が見つからないことを、初代確はそれほど悩んではいませんでした。答えが見つからないのなら、霊能者の道を捨てて事業家として生きていこうと考えました。仕事も霊能力のおかげで、先見の明にすぐれ、どんな仕事を立ち上げれば大衆に支持されるかということを探るのはそれほど難しいことではなかったのです。初代確は小学校時代は算数や理科といった科目の成績が抜群だったと私は聞いていました。俗に言う数字に強い理系のひとでしたから、事業を起こしても成功したに違いないとだれもが思っていました。

初代確の人生の進路が大きく変わったのは二十歳を過ぎて間もなくでした。その事件に遭遇したのは成人を迎え、いよいよ本格的事業を立ち上げようとしていた矢先でした。

初代確の父が、原因不明の重病にかかったのです。動悸が激しくなり、血圧が異常にあがりました。初代の父は胸苦しさを訴えました。それから、激しい頭痛、全身の痛みに耐えかねて、近所に響き渡るような呻き声をあげました。そして、初代の父は「助けてくれ！」と悲痛な声をあげてのたうちまわったのです。そのような、苦しみの日々が何日も続きました。この間、往診の医者が入れ替わり立ち代わりやってきては診察をするのですが、病名も原因もわからないのですから、手の施しようもありません。

なす術もなく父の苦しむ姿を見ているしかないのかと、もう一度医者に来てもらったのですが、やはり医者の見立ては同じで、「長くてもあと三か月くらいですね」と絶望的な宣告を受けたのでした。

そんなとき、初代確の友人の一人が見舞いにやってきました。この人も信心深い人で確の父が気を許している友人の一人でした。

見舞いに来たそのひとが、意外な情報をもたらしたのです。長崎の東の方角に古賀というところがあって、そこに生き神さまと呼ばれている行者がいるというのです。

「お医者さんにかかってもどうにもならんなら、一度その神さんのところで拝んでもらったらどげんですか？　実はわたしの家内が病気にかかって、お医者さんに診てもらってもどうしても治らんやったことがあったけども、あの神さんのところへ行ったら一発で治ったことがあるんだ。もし、わたしの言うことが信じてもらえるなら、あんたの父さんを連れて行ってあげてもよかよ」

親切に言ってくれる言葉でしたが、初代確は決めかねていました。初代は、その頃は宗教に対して、不信感めいた思いを抱いていましたし、祈祷師を胡散臭く感じていました。まして拝んで病気が治るなどということは、確は一度も考えてもみなかったのです。とは言うものの、目の前で苦しさにあえいでいる父親を助けてやりたいという思いは強くなっていました。わらにもすがる思いで父の友人の提案に従うことにしました。

息も絶え絶えの父を、初代確と知人の二人で担ぎ込みました。

知人の話によれば、行者と呼ばれる当主は、ふだんは農業に従事している人で、家の中に小さな祭壇をしつらえてあり、乞われると祭壇に祀った神霊のお力を借りて病気を治しているのだということでした。

確の父を見つめていた行者は、ひと声「ううむ……」と声を出しました。

「わかりました。この方の病気は屋敷に憑いている霊の障りです。とても力の強い霊が三体ほど憑いています。しかし、すぐに治ります」

そして、二回、三回、五回と九字を切りました。

「これで治ります。消耗した体力を取り戻せばすぐに元気な身体になります」

初代確は半信半疑のまま、父を家に連れ帰りました。

信じられない話ですが、家に戻った父の顔は、病人の顔から健康人の表情に変わっていました。苦しみの影は一掃され、はればれとしているのです。昨日まで七転八倒していた初代確の父は、ビールを飲みたいなどと言い出し、ほろ酔いになるやその場に横になり、今までの寝不足を取り戻すように深い眠りに入っていきました。

この一部始終を目の当りにした初代確は、しみじみと思いました。

「神は実在した……」

そして霊能者としての人助けをどのように考えたらよいのか、まったく方向が見えていなかった初代確は、この日、新たに自らの進むべき道を見出したのです。

——人助けというものはこのようなものだ……。と確信したのです。

もし、自分に特異な才能があるならば、あのような神のお力をいただくことはできないだろうか？

それからの初代の行動は今もなお、当時を知る人たちの語り草になっています。

何しろ、その翌日から確は、仕事が終わって夕食をとった後、雨の日も、嵐の日も、一日も欠かさず行者のもとへ日参したのです。収入のほとんどは、その生き神様への布施として捧げられました。初代確はそのために、背広一枚はおろかネクタイ一本も買うことはできなかったそうです。親類縁者はもとより、確を知る近所の人々は「馬鹿、気違い、神狂い」とあざ笑いました。このような世間の後ろ指も、冷たい眼差しも何のその、来る日も来る日も、初代確は修行の日々を過ごしたのです。

初代確は、その日から十年間、守護神に導かれながら、全国至る所の霊場で修行を重ねて、ついに神霊能力に開眼しました。

初代は師の元で修行した六年間、そして守護神に導かれての孤独な修行に十年間、合わせて十六年間の壮絶な修行の果てに偉大な能力を身に付けたのです。

その後、初代確は、神の啓示によって長崎の大村市に白亜の聖地を定め、続いて、東京に伝導の聖地を築かれました。そして悲願の天界道を完成させて、その生涯を終わりました。卓抜した霊能力の持ち主、初代隈本確は、自分の死をはっきりと予知していました。

「正二郎。私は後一年の命だ。日神会の行く末についての指針は遺言としてしたためておく、私の死後に開封せよ。遺言の教えを守ることは、神のお示しに従うことである。私の死を悲しむことなく神の導く道を歩みなさい」

ある日、このように、長崎聖地の一室で、初代確は私に厳《おごそ》かに言い渡したのです。とても、一年後に初代が亡くなるなどということは想像がつきませんでした。

それにしても、正直、何もかも初代に頼り切っていた私は、いきなり初代に死期を告げられたのですから驚きました。

果たして初代亡き後の日神会がつつがなく運営できるのだろうかという不安がありました。しかし、初代確の口から「遺言はそのまま神のお示しだ」ということを告げられてから、私の覚悟が決まったのでした。なぜなら、遺言が神のお示しなら、遺言のとおりに行動することが神の意《こころ》なのですから……。私は神のこころを伝える忠実な伝導師になればよいのだと考えたのです。そう心に決めますと、わだかまる不安も心の動揺も、拭い去られるように消えていったのです。

私は不安も迷いもなくして、一年間、初代が私に伝授するさまざまな秘儀秘法を身に付けようとひたすら精進を続けたのでありました。

弟子たちよ悲しむことなかれ――生まれ変わる喜びの旅立ち

初代は自分で自分の死を予言し、その予言どおり天界への道をたどられ、大霊界の最高神の座に就かれたのです。

初代は御霊《みたま》となられる一年前、私に口頭で伝えたように、すべてに抜かりなく、あらゆる方面に遺言をのこしておられました。会運営に関する事務的なことは、すでに弁護士や司法書士など関係者に対して法的に有効な遺言を残しておりました。

日神会の行く末については、120分の録音テープ五本に収録されていました。生前、口頭で伝えられたときは「したためておく」ということでしたが、初代は目が衰えていましたので、果たして遺言が書けるのだろうかと、私は危惧しておりました。

日常においては、大事なことは、秘書や私に口述筆記をさせていましたが、遺言となると、第三者に筆記させるわけにはいかなかったのでしょう。それでテープに吹き込むことにしたものと推察できます。要点を記したメモが遺品の中から出てきました。それに従って録音したものと思われます。

初代より、生前、私は、直接的に「天界上げ」の秘儀は伝授されておりますので、テープに遺されていたのは、もっぱら初代の心情とやり残した研究、弟子たちへの修行に関するアドバイス、会員に対する決別の想いでした。

初代の私個人に宛てたメモには、このテープは公開することはならぬと記されていました。

私個人としては、家族のことなど、きわめて個人的な箇所は、部分的に削除や修正してその他は公開してもよいのではないかとも思いました。しかし、遺言は神の声であると、生前厳命されておりますので、初代の意思を遵守したいと思います。確かにテープは一年という長期間に渡り、多忙な時間の間に録音されておりますので、若干矛盾するところなどもあり、やはり公開すべきものではないと判断いたしました。初代の遺言は、私が会長の座にある間は、非公開の秘物として保管することにいたします。

テープの第一巻冒頭には「私が天界入りした後、隈本正二郎に日本神霊学研究会、第二代会長としての職を禅譲《ぜんじょう》する。ひとたび会長の座に就いたあかつきには、本会会員の幸せと健康のために、己の私的生活をなげうって励め」という言葉がありました。

続いて、会長としてのバックボーンについて、王道を歩む心構えが長々と述べられています。一巻めのテープは、内容的には、ほとんどが私宛の遺言で、会長の王道についてこと細かく述べられていました。主旨は、一貫して会員のために生きよということで、その心構えについて述べられていました。

二巻めのテープは神霊治療の新しい理論について述べられていました。

三巻めは天界道完成に至るまでの、守護神「聖の神」と初代との間に交わされた霊界通信です。複雑な言い回しや、難解な理論の展開もありましたが、「天界道」に寄せる初代の並々ならない想いが熱く語られており感動いたしました。

四巻めは、初代確が現界において、私的交流のあった人たちへの別れの譜でありました。会員や弟子に対しては別れの言葉が語られています。お別れの会場で流すつもりだったのか、他人に聞かせるような、格式ある話し方をしていましたが、途中からは呟きのような、独り言の調子に変わってしまいました。

このまま、テープを再生してお聞かせするわけにはいきませんので、その抜粋を私なりに整理してお伝えします。

弟子たちへ

私が魂魄《こんぱく》となっても、弟子たちよ決して悲しんではならない。私は日々のたつきで汚れた現界の衣を脱ぎ捨て、清廉《せいれん》なる御霊《みたま》となりて天界へおもむくのだ。天界には病の苦しみも、争いも、怒りも、苦悩もない。平穏で長閑《のどか》な永遠の安らぎだけが待っている。私の死は私が神と生まれ変わる喜びの旅立ちなのだ。

弟子たちよ、私が御霊となりしを悲しむことなかれ。

われ死せる後も、きみたちには「聖の神」のもと、悩み苦しむ人たちを助けるために現界にとどまってしばしの間、働いてもらわなければならない。きみたちは衆生済度の心を一瞬たりとも忘れてはならない。

ゆるみし気持ちで、利己や怠惰に走って神の道を踏み外してはならない。私が御霊となり、天界にたどりつけば、即座に「聖の神」となる。それは取りも直さず弟子たちや会員の守護神となることだ。いつまでも弟子たちの行く末を見守る。安心せよ。私はいつでもきみたちを見ている。きみたちは決して醜い心で生きようとしてはならない。私の教えた

料金受取人払郵便

小石川局承認

5468

差出有効期間
平成30年5月
31日まで

郵便はがき

112-8790

085

（受取人）

東京都文京区小石川3-1-7
エコービル

㈱展望社 行

フリガナ		男・女
ご氏名		年齢　　歳
ご住所	〒 ☎　（　　）	
ご職業	⑴会社員（事務系・技術系）　⑵サービス業 ⑶商工業　⑷教職員　⑸公務員　⑹農林漁業 ⑺自営業　⑻主婦　⑼学生（大学・高校・中学・専門校）　⑽その他　職種	
本書を何でお知りになりましたか	⑴新聞広告　⑵雑誌広告　⑶書評　⑷書店 ⑸人にすすめられて　⑹その他（　　）	

愛読者カード
「神秘力の真実」

■お買い上げ日・書店

年　月　日　市区町村　書店

■ご購読の新聞・雑誌名

■本書をお読みになってのご感想をお知らせください

■今後どのような出版物をご希望ですか？ どんな著者のどんな本をお読みになりたいですか（著者・タイトル・内容）

神の道を汚《けが》してはならない。

二代会長の進む道は私の示す神の道と思い、敬虔な思いで従いながら、おのがじし修行に励め。ゆめゆめ、利己や怠惰に堕すること無きよう、清らかな聖の道を歩め。

日神会初代・聖の神霊位　隈本確

以上の初代の遺言は、私が抜粋して、みなさまにお伝えする大意です。初代の遺した言葉の数を約四分の一に縮めておりますが、初代が伝えたかった核心は余すところなく盛り込んでいます。初代の真実の心を我ら一同胸に刻んで修行に励みます。

会員のみなさまへ

縁あって私のもとに集いし会員のみなさまに、謹んで現界でのお別れをいたします。

いかなるときも、別れと申すものは、つらいものですが、私が現界の衣を脱ぎ捨て、御霊《みたま》となって天界へおもむくのは、これぞ大霊界の法則であり、それは私隈本確にとって無上の喜びでもあるのです。どうか会員諸氏よ、別れのつらさに替えて祝意を持って見送っていただきたいと思います。

天界には病の苦しみも、悲しみも、争いも、憎しみもありません。天界は、安らかな修行の場です。そこに旅立つ私には、何の迷いも悲しみもありません。

私は天界入りをしたのち、聖の神として再生し、衆生を見守るというのも大霊界の厳粛な法則であります。

私が聖の神として再生したあかつきには、未来永劫、現界での皆さまの暮らしを御守りいたします。安心して信仰に生きてください。

私の人間救済のエネルギーは、そのまま、第二代会長隈本正二郎に引き継いでもらいました。第二代会長隈本正二郎のお示しは、そのまま「聖の神」のお示しであると信じ、恭順の心で受け止めなければなりません。会員のみなさまは、聖の神が示された大霊界の法則を遵守しつつ、悔いを残さぬよう現界での一生をお送りください。

皆さまの来るべき旅立ちの日は、天界道への扉が開いていることをお伝えして、しばしのお別れの言葉といたします。

合掌

日神会初代・聖の神霊位　隈本確

以上が会員諸氏に遺した初代の言葉です。一部録音に聞き取れないところもありましたが、私が大意を要約してお伝えいたしました。

初代は自らの天界入りを予測していたので、生前、私はいろいろな秘術を学ぶことができました。生ある限り私に秘術を伝えようとした初代の、ありがたい心づかいにただただ頭が下がる思いであります。

晩年の悲願「天界道」の完成

初代確は、自らの天界入りを予知していたので、この一年というもの、体力の続く限り自分の持っている秘儀秘法について、伝授していただきました。中でも、初代確が、私に付きっきりで伝えてもらったのが天界上げの秘儀でした。

「天界道」の完成は初代の悲願でした。初代が「天界道」の完成に心を砕いたのは、何としても、自分の天界入り前に確かな神示をいただいて、その秘法を私に伝えなければならなかったからです。

初代が「天界道」に注目したのは、究極の「魂の救済」は、人が魂になったとき、その「魂」を天界へ送り届ける秘儀であることに目覚められたからです。現界の人間を救うことはもちろん大切ですが、それにも増して大切なのは死んで「魂」となられた人を天国に送り届けることも神霊の使徒たるものの大切な務めだということを、初代は心の底から実感したためであります。

すなわち、神霊治療も浄霊も大切な霊魂の救済ですが、究極の人間救済は、死して御霊《みたま》となった霊魂を、天界へ送り届けることだと初代確は強く感じたからです。

きっかけは、会員の一人から、生前無信仰で亡くなった肉親の魂を天界へ上げてほしいと依頼されたことでした。初代は持てる限りの力を使ってその依頼に応えましたが、心身の疲弊がはなはだしい修法でした。

人はだれでも、霊的人生を生きなければならないのに、霊に背き、霊界の法則を踏み外して生きてきたひとは、死して低級霊となって、現界のだれかに憑依し、救済を待って霊界にたどりつかなければなりません。場合によったら、救済のチャンスもなく、地縛霊となったり、あるいは浮遊霊のまま、何百年もの間迷い続け、果ては悪霊や狂霊に堕ちていかなければならないかもしれないのです。

そのような霊を「霊能者」のエネルギーと「聖の神」の救済のエネルギーによって「天界」へと上げるのですから、その修法たるや心身の疲弊が激しくなるのも当然なのです。

かつて初代は私にこうもらしていました。

「一人の御霊を天界に上げるのに二、三日は朦朧とした意識で過ごさなければならない。身体は疲労困憊して立っていられない。少し横にならせてもらうよ」

初代隈本確が入滅した長崎聖地

このような苛酷な儀式なのに、評判を聞きつけた会員諸氏から、申し込みが殺到したのでした。

心身がぼろぼろになるような苛酷な儀式を弟子たちに押しつけてはならないと初代確は考えました。天界上げの儀式を行えば、二、三日寝込まなければなりません。それでは肝心の神霊治療や浄霊がおろそかになってしまいます。一つの魂の救済のために、たくさんの人に救いの手が差し伸べることができなくなるというのでは、人間救済の上で本末転倒ということになります。

ある秘儀を行使することで、天界に至る道が貫通し、魂はおのずと「天界への道」をたどることができるようでなければならない。それが初代の成就しなければならない命題でした。何が何でも、その秘儀を編み出さなければならないというのが初代の悲願でした。秘儀によってできる天界へ至る道、その道を初代は「天界道」と名づけました。何度も「聖の神」に訴え、いろいろな秘儀を手を替え形を替えて試しました。まさに、命をかけた修行でした。延べにして二百日を越える「聖の神」へのアプローチの果てに、初代はついに「天界道」について神示をいただいたのです。

神示は秘儀秘法ですので公開できませんが、天界への道は「長崎聖地」と「東京聖地」よりたどることができるようにとのお示しがあったのです。

幾通りもの秘儀を試し、たえず「聖の神」にアプローチをくり返し、ついに神示をいただいたのです。

初代は、「天界道」の完成を、霊能者としての最後の務めと考えていたようです。要するに偉大なる霊能者隈本確のライフワークと呼べるような壮大な秘法の完成でした。「天界道」の完成なくして、初代は天界に旅立つわけにはいかなかったのです。「天界道」の完成こそが、初代の強い決意だったのです。

自ら作り上げた「天界道」を初代は心置き無くたどられて旅立たれたのです。

天界に寄せる初代のビジョンと情熱

初代は自らの死期をさとってからは、いっそう天界に寄せる思いが強くなったようです。神霊研究家として、また偉大な霊能者として、初代には明確な神霊（心霊）思想がありました。

「肉体をまとって人間界で生きている間に、修行し、魂を磨き、魂を向上させつつ死を迎えなければならない」

「肉体という衣を脱ぎ、御霊《みたま》になることが死であり、死は悲しむべきことではない。なぜなら、魂は永遠の命を持っているからである」（死とは肉体を捨て魂となって天界に向かうことである。死は単なる肉体の滅びであり、同時にそれは魂の誕生でもある）

「天界は人類のふるさとである。天界には大霊界の支配者であり、大宇宙の造物主《素《す》の神《かみ》》がおわす。死して魂になるということは《素の神》に回帰することである」

初代には以上のような死生観があり、死して天界に帰ることが理想的な人間の大道と信じておりました。

しかし十数年前に、天界に入ることはそんなに簡単ではないという神示が初代に降りたというのです。

天界に行く道は、「生前の修行のあり方や人類への貢献によっておのずと開かれる」という神示が降りたのでした。

すんなり天界の道に入れる人は、初代の予測では全人類の六割くらいのものではないかと私に語ったことがありました。しかし、あとの四割の人は天界に行けずに霊界をさまようことになるわけです。四割といえば相当な数です。

初代はこのことを大変に悩んでおりました。天界の道を閉ざされた人を天界に送るためには、前述のように、その儀式は、二、三日寝込むような心身の消耗が激しく、自分一人がその役を担うようでは日神会の運営にも影響が出てしまいます。さりとて、弟子に秘儀を伝授して行わせれば、弟子の身が消耗します。それで初代は悩んだのです。

人間救済の使命を帯びて霊能者の道を歩んでいるのに、最後の最後、御霊となった人を天界へ導くことができないということになれば、それは救済ではありません。

このジレンマが、初代にとって人生最後の悩みでもあり、解決しなければならない課題となったのです。

天界に帰れなくなった霊の全てを天界に導く「天界道」の完成に初代は霊能力者として全精力を傾けたのです。

神示をいただくためにあらゆる秘儀を行使し、祈り、ついに神示をいただいたのです。初代は、天界へ至る天界道を長崎聖地と東京聖地に完成させ、その秘儀を第二代会長隈本正二郎に伝え、神霊の使徒としての崇高な生涯を終えて「聖の神」となられました。

我、死して聖の神とならん

自分の修行の師より、守護神をいただいた初代は、何度も最高神霊の造物主である「素の神」との交信を重ねた結果「聖の神」が日本神霊学研究会の守護神とせよという神示をいただいたのです。

そのときから、初代は死して「聖の神」として再生する宿命を負ったのであります。その決意は遺言の中でも述べられており、初代にとって死して「聖の神」として再生することは、最初から最高神によって定められた神の道すじだったのです。

初代が亡くなられて、それほどの時間を置かず「聖の神」の座に就任したという霊言をいただきました。

私は正直、ほっとしました。その霊言を聞くまでは安心できませんでした。「聖の神」の神示と初代の遺言に違いがあった場合の判断に私は苦しまなければならないと思ったからです。もちろんその場合は神のお示しに従わなければなりません。しかし、初代の遺言は私にとって重いものがあります。神示を優先させるために初代の遺言を無視しなければならないとしたら、私にとってそれはとても苦痛なことです。

ところが遺言にあった「我、死して聖の神とならん」という遺言は現実のものとなったのです。遺言では「聖の神となって、未来永劫にわたって日神会を見守る」という主旨の言葉がありました。私はその遺言をずいぶんと心強く思っていました。

しかしその後、もし初代が「聖の神」の座に座ることができなかった場合の不安が私の心に芽生えたのです。ところが最初の「天界にたどり着いた」という通信の後、数分を置かずして「我、聖の神となりたり」という通信がありました。その通信に接して、私は思わず安堵の涙を流しました。

神霊治療、浄霊、何事によらず日神会の修法は「聖の神」のエネルギーをいただいているのです。初代が天界にたどり着いて後「聖の神」として再生することは、私たちにとって、計り知れない勇気と恩恵を受けることになるのです。日神会の立教は「聖の神」の啓示を受けた初代の手によるものです。

立教の立て役者である初代が「聖の神」として再生し、回帰したということは、これほど力強く喜ばしいことはありません。未来永劫、脈々として初代の救世の心が、後進によって受け継がれ、広がりを見せていく礎となったということです。

この事実は、大霊界の救いの思想が、日神会のバックボーンとして不動のものになったということであり、その、まぎれもない証《あかし》ということになります。

「我、聖の神として再生せり」

この、初代の言葉は、いつの日か天界道を歩む者にとっての崇高な道標《みちしるべ》ということになります。

初代発「霊界通信」の断片

初代が天会入りをして約一年の間に、数多くの霊界通信が初代から私宛に届きました。その中には神霊研究においてきわめて重要な意見、あるいは現代の世相に対する怒りや、はたまた、生きていれば執筆したであろう大霊界シリーズの著書の内容などもありました。私的なことでは、懐かしい人、会いたい人、また、郷里長崎への思いなど、霊界通信は多岐に渡っています。

霊界通信というのは、霊魂が霊界で体験したことや思いを現界の霊能者に伝えてくることです。受信の方法も、各自の霊能者によって違いがあります。受ける霊能者がトランス状態になって、無意識に紙に綴る「自動書記」の場合もあるし、霊媒に降霊して語らせる場合、受信者の心に響く霊の声をキャッチして判読する場合などがあります。私の場合は私自身が、心に響く霊の声を判読するという方法です。

初代の霊界通信は、本書で執筆しようとするテーマからは少しずれますが、霊的生活に関心のある人にとって参考になる話や興味のある話もあります。断片的になりますが、幾つかをご紹介しましょう。

初代には、幾つかの持病がありました。初代は、神霊治療を求めて訪れる人の苦痛を取り去るために、日夜、刻苦勉励に明け暮れていましたが、その合間に自己の病気の自己治療を行っていました。それで苦痛を乗り越えていたのです。

「私に、この痛みさえなかったら、もっとたくさんのひとびとを助けてあげられたのに……」初代が無念の表情で語るのを私は何度も聞きました。

霊界通信にはそのことがふれてありました。送られてきたのは、魂になって肉体の苦痛がなくなったことの喜びでした。

《天界に入ったことで肉体的な苦痛はすべて取り除かれた。痛みや苦しみから開放された。いつも清々しい思いで修行に励んでいる》

短い通信でしたが、初代にとって天界に入ることで肉体的苦痛が解消したことは何物にもまして喜びだったに違いありません。

霊学的には、あまりに大きな痛みや苦しみがある場合、苦痛が魂に刻まれて天界入りの障害になることがあります。例えば事故で大怪我をし、痛みにのたうちまわりながら死んでいったとか、病のために痛みが起こって、あまりの苦痛に失神したまま事切れたという場合など、痛みの感覚が魂に刻まれて天界に入ることができないのです。このような場合は、天界上げの儀式によって、魂に刻まれた苦痛の影を消し去らなければなりません。しかし、慢性的な病の苦しみなどは、肉体という現界の衣を脱ぎさることによって、苦痛は消えてしまいます。初代の霊界通信によってもそのことが裏づけられました。

私たちは死んだ後『天界において亡くなった人と再会できるのだろうか』などと考えます。多くの人の関心事です。会員諸氏からも、「私が死んだら、あの世で母親に会えるでしょうか？」などと質問を受けることがあります。

亡くなった両親、兄弟姉妹、親友、妻や夫、恋人、幼くして死別した愛児、恩師、憧れのスター等々、あの世で会えるのだろうかという思いを抱く人がたくさんいらっしゃいます。霊魂実在を前提に考えたとき、原則的には、死別した人とあの世（天界）で会えるということになります。魂と魂の出会いですから、この世でばったりと懐かしい人に出会うような会いかたとは違うかもしれません。しかし、会えることは事実のようです。初代の霊界通信でそのことが明らかになりました。

初代は、天界入りをしてから、自分が霊能者として歩む決心をしたときに修行の手引きをしてくれた「師」と再会しました。その他にも、「父」や、自らの手で「天界上げを施した会員」、あるいは「夭折《ようせつ》した長男・長女（筆者にとって兄と姉）」と霊界で再会したことを送ってきました。会話の内容についてはいささか物足りない感もいたしますが、初代の霊界通信によって、あの世で再び懐かしい人たちに会えるのだということに確信が持て、私は喜びを感じました。

人間の死は多くの場合天命です。五歳の若さで死ぬのか、百歳の長寿で死ぬのか、大霊界の定めによって決められています。先に逝く人、後から逝く人、それぞれが天界で再会できるのです。これは人間にとって一つの大きな慰めでもあります。

人間の死は、魂の再生という一大エポックでもありますが、やはり現界に残される人がおり、そして天界に旅立つ人がいるということは大きな別れでもあります。

現界に残された人間の淋しさ、悲しさはやはり大きなものがあります。しかし、天界で再会できるのです。これは現界に残された人間にとって大きな慰めとなります。

初代の師は、天界において位の高い霊魂に昇格して、いまだ修行に励んでいるようです。初代が天界に入ると、師は、初代に向かって《汝の救世の努力をいつも天界から眺めていて、心からの敬服をしていた。私はいまや汝の師ではない。汝とともに霊界での修行に励みたい》とそう言って迎えてくれたということです。

面白いと思ったのは、霊界での上下は人間界の上下とは異なり、あくまでも霊格の上下だということです。父と子の関係も天界では通用しません。人間の上下や目上目下という概念は天界には存在しません。

初代が幼いときに折檻された父（筆者の祖父）と再会したときに、初代の父は《聖の神さま》と言って、初代に合掌したというのです。《家族みんなが、「聖の神」さまの恩恵に浴して、天界ではよい場所をもらって修行している》と初代の父は語ったと霊界通信にありました。すなわち現界で、死者の関係者が「聖の神」の恩恵を受けることで、その家族や関係者の死者は天界での修行がつつがなく、安らかにできるというのです。

初代の霊界通信にそのことが語られており、私は納得できるものがありました、私の推測ですが、それは仏教の供養という考えかたに似ているのではないかと思いました。仏教の教えになりますが、残された家族が現世で功徳を積むことで、あの世の肉親や先祖が安らかに成仏できるという考え方があります。まさに、「聖の神」の踏み台として神霊の使徒の使命を全うした初代の善行のおかげで、隈本一族や会員の御霊《みたま》が天界で高い位をもらって修行ができるのです。

初代自ら天界上げを施した人（御魂）とも天界で意思を疎通させたことを伝えてきてい

ます。《天界入りを果たしたA氏は、私の天界入りを多数の会員たちとともに迎えてくれた。A氏いわく、私の天界上げを受けなかったら、低級霊となって悲惨な日々を送らなければならなかった。私の導きで天界入りができたことを無上の喜びだと語っている》と霊界通信は伝えてきています。

前後の子細については不明ですが、多数の会員たちと迎えてくれたというのですから、他にも何人かの会員たちが一緒だったようです。考えてみれば、何十年という長い歳月を日神会の会長として、多数の会員と接触してきた初代です。会員の多数の人が御霊《みたま》となられていて当然です。その会員たちとも天界において初代は再会を果たしたのです。夭折した私の兄や姉との再会については個人的なことですのでここでは紹介は控えさせていただきますが、初代はやはりうれしかったようです。

このように、初代の霊界通信によって、天界において先に亡くなられた人と再会できることがはっきりしました。これは、残された人たちの大きな慰めであります。

Part.4

念力と霊力の驚異の神秘力

すさまじい念力のエネルギー

神秘現象の一つとして「念力」があります。「念」というのは、人間の「想い」と同意語に解釈しても大きな間違いではありません。人間の想いの激しさによって物理的現象が起こるゆえに、念は神秘現象として考えられるのです。この「念」によって起こる神秘現象について、世界中の心理学者によって研究が行われています。

単なる「想い（念）」に関してなら、文芸のカテゴリーであり、心理学の研究テーマにはなりません。想いが持っている「エネルギー（念力）」に学者は着目しているのです。学者は、念の発する不思議な力（想いのエネルギー）が研究対象になると考えているのです。想いとは単純に言って精神世界の現象です。ところが科学者は、想いには「物理的な現象」があると考えたわけです。

「念力」という言葉があります。言い換えれば「想いの力」ということです。「想う」ということは物理的行動ではありません。歩いたり走ったりすることと「想う」という行為は明らかに違います。しかし、何かを「想う」ことで、そこに「物理的影響」が生じたのです。それが研究者の興味を引いたというわけです。

念力についての初歩的知識については、前著「神と霊の力」においてもわかりやすく述べましたが、本書でも復習の意味で簡単にふれることにします。

想う心、すなわち「念ずる心」にはパワーがあるということが「念力」という単語の生まれた原因です。

激しく強く想う心には物理的なエネルギーが働くのではないかと昔から考えられていました。昔の人はそのことを素朴に信じていました。ところが科学万能の現代では、そのまま簡単に信じるわけにはいかないのです。それで念力発生の科学的裏づけを取りたいということで研究が始まったのです。

世界の学者は、念を込めてサイコロを振り、思い通りの目が出る確率を大真面目に研究しました。人間の手で振ると、そこに別な意図が働くので純粋に念の力を測定できないというので、さまざまな実験の用具や様式を考案して、念力の研究をいたしました。記録によれば、よい結果が出たと記録にあります。よい結果が出たということは、ある程度人間の想い（念）によってサイコロの目を左右することができたということです。

この念力のパワーについては、前述したように、大昔の人は素朴に信じていたのです。昔の人は、この念の発するエネルギーで人を呪い殺すというような物騒な方法を思いつきました。読者諸兄姉も「丑の刻参り」とか「藁人形《わら》」、あるいは「五寸釘」といった不気味な話を一度や二度は聞いたことがあると思います。

丑の刻、すなわち午前三時ころ、憎悪している人間を呪い殺すために山奥に向かい、藁人形に五寸釘を打ち込むのです。相手に憎悪をかきたてながらの行為です。すなわち、相手を呪う念のエネルギーを発散させながらの儀式です。

憎むべき相手に呪いの念が届くと、呪われている当事者が体調不振におちいるということになるわけです。そして、やがてその体調不振が増幅していくと、命にかかわることだってあるわけです。これが念のパワーの恐ろしいところです。

密教に調伏の秘法があります。仏敵を退散させるための密教の祈祷法の一つですが、これを悪用して人を呪い殺す法にも用いられました。お家騒動などで邪魔な跡取りを呪い殺したり、敵の大将を滅ぼすためにこの秘法が用いられました。

祈りも一つの念力と考えることができます。大霊に対して想いを届けるのが祈りですから、念力と祈りは無縁ではありません。激しく強い祈りによって神霊に願いを直結させてご加護をいただくのが祈願です。

要するに、祈ることで、ある人にダメージを与えるのが呪術です。この祈りは陰惨ですが、念のエネルギーの存在は否定できません。それで、このパワーを科学的に証明しようと、世界の研究者が念力研究を続けているのです。

前著「神と霊の力」でも述べましたし、本書のプロローグでも述べたように、日本でも念写という実験によって念力実在の証明がなされています。念写とは念力写真のことで、強い想いを写真原板に焼きつけるのです。この実験は成功して、念写による写真は現存しているのですが、前述のように、日本の心理学会では、いかがわしいといって、この念写真の科学性については正式には認めてはいません。

いずれにしろ、激しく強い想い、すなわち「念力」は、写真に焼きつけるほどすさまじいエネルギーということになります。もし、念のエネルギー実在が、科学的に証明されれば神秘現象ではなくなりますが、今のところ「想いのエネルギー」によって起こる現象は神秘現象ということになります。

しかし神秘現象であっても、念力は、私たちの日常でもしばしば体験することがある身近かな現象でもあります。

小さなことですが、私たちの生活でもしばしば体験できる現象です。以心伝心という言葉があります。こちらが想っていることを相手も同じように想っているということです。想いの伝達です。「彼にそろそろ電話をしなければならない」と考えていますと、彼もまたそのように考えているということです。電話をかけようと思っていると、当の相手からかかってきたりして驚いたことがあるでしょう。

「こちらからかけようと思っていたんだ」とお互いに驚き合い、笑い合ったりした経験はありませんか？　偶然かもしれませんが、相手にこちらの念（想い）が伝わったのかもしれません。このような現象は一般的にテレパシーと考えられています。テレパシーも広い意味では念力のカテゴリーの中に入ります。すなわちテレパシーとは想いが相手に伝わることですから、想いの存在しないところにテレパシーは発生しません。

皆さんも、経験があるはずですが、この世の中にどうしても好きになれない人が一人や二人はいるはずです。このような場合、相手もあなたを嫌っていることがあります。これは、あなたの嫌いだという想いが相手に伝わっているからです。この現象を認めるならば

「想い」にエネルギーがある証拠です。想いに何の力もないとすれば、あなたが嫌っていることが相手に伝わることはありません。

神霊治療の一つに「遠隔治療」という方法があります。神霊治療者の念力（エネルギー）を離れた場所の人に送って神霊治療を行うことです。念力の届く範囲が広大ということを考えると、単なる「想い」のエネルギーだけではなく、大霊界の守護神の力を借りているような気もしますが、とにかく念のエネルギーはすさまじく強大であることはわかります。

病気発症の原因となる念のエネルギー

「想いの力」には二つの種類があります。プラスのパワーとマイナスのパワーです。私たちはよく「プラス思考」とか「マイナス思考」という言葉を使います。

プラス思考とは考え方を善なる方向でとらえるということです。何かにつき当たったとき、その障害物を乗り越えようという考え方をするのがプラス思考で、障害物はいかに高いかを考え、とても乗り越えられそうもないと悲観するのがマイナス思考です。

念力という考え方にそって話せば、前向きな念を発生させる人と、後ろ向きの念を発生させる人がいるということです。

プラスの念に包まれていれば、未来は明るく希望に満ちて感じられます。逆にマイナスの念に包まれてしまえば、気持ちは暗く落ち沈み、絶望的になってしまいます。

明るい人といると、気分が明るくなり、暗い考え方をしている人のそばにいると、こちらの気持ちも暗くなり、何とも救いのないような感じになっていきます。これは、明らかに「想い」のエネルギーが周囲の人に届いてそれに汚染されているからです。

暗い人同士がグループをつくりますと、マイナスの念が渦巻いています。これでは心身の健康によいはずはありません。長い間には病気になる人も出てしまいます。霊学的にはマイナス思考をするようになるのは、低級霊の憑依も原因の一つですが、いずれにしろ、「念」の働きでも病気の原因となります。

流行らない店や業績の上がらない会社などの相談を受けることがあります。調べてみると、自縛霊や浮遊霊の溜り場になっているケースもありますが、中には社員や店の経営者自らが悪念をまき散らしている例もありました。

常識的に考えても、マイナス思考では免疫力が低下します。病気に打ち勝つ力が弱くなるのです。

病気も霊もはね返す
心(想い)の力と霊を受けるきっかけ
神
—祈り—
低級霊
悪霊
防御
●身内が亡くなったときから……
●失恋してから……
●対人問題で悩み込んでから……
●ある人を恨むようになってから……
●病院で病名を告げられてから……
●仕事で失敗が重なってから……
低級霊
低級霊
強い意志
明るく、ほがらか
やる気まんまん
希望、目的
イライラ、クヨクヨ
弱い、暗い
悲しみ、不安
落ち込み、失望

ガンの治療法の一つに「笑いの療法」があります。

ガン患者に落語を聞かせて大いに笑った後の免疫細胞の数を調べてみますと、免疫細胞の数が増加していたという実験データがあります。このような「笑いの実験」でもわかるように、「笑う門には福来たる」ということわざも単なる迷信ではないのです。笑って暮らせば免疫細胞が増加し、病気にかかりにくくなります。したがって幸せな暮らしができるということになるのです。要するに「笑いのあるところに福」が来るのです。改めて言うまでもなく健康は幸せの原点です。逆に、不平不満をつのらせ、いらいらし、怒りを胸にたぎらせて暮らしていれば、いずれ病気になっても不思議がありません。すなわち、マイナス思考そのものが病気の原因の一つです。マイナス思考の人は、低級霊の憑依も受けやすくなります。マイナス思考は低級霊の好む波長を作り出します。

例えば、私たちの生活においても、家庭の中に一人でも、マイナス思考の人がいると、家族全員がマイナスの想いに汚染されて家庭の中がひんやりとしてきます。逆に笑いのある家庭は幸せにうるおっています。

前項で述べたように、人間の想い、すなわち「念」には周囲の人に影響を及ぼすエネルギーがあるのです。それゆえに、いつも前向きに上昇思考、プラス思考の生活を送り、よいエネルギーを発散させていることが大切なのです。自分のためにも、周囲の人のためにも、家族のためにも、プラス思考で物事に対処し、よい「念」を発散させることが大切なのです。

恐ろしい呪いのエネルギー

「想う心」には力があります。想う力とは「念力」のことです。人間が持っている想念はエネルギーであり、想いのエネルギーが人間の暮らしにさまざまな影響を与えています。そのことについて本章でも繰り返し述べました。今まで述べてきたことで、念とエネルギーについての基本的なことはおわかりいただけたと思います。

念は使い方によっては人間に病気を発症させてしまうことがあります。憑依霊によって病気が起こることは、神霊治療の原点ですのでだれもがわかっていることですが、低級霊の他に「念」によっても体調不振や病気を発症します。

前述したように、日本には古来より「人を呪う儀式」があります。これは「念」にこもるエネルギーの存在を昔の人は知っていたということになります。この念の持つ呪いのエネルギーで相手を殺してしまおうという儀式です。

日本のことわざに《人を呪わば穴二つ》というのがあります。この場合の「穴」というのは「墓穴」のことです。ことわざの意味は《人を呪い殺すならば、相手の穴だけではなく自分の穴も掘ってから相手を呪いなさい》という意味です。すなわち、人を呪い殺せば、自分も報いを受けて殺されるはめになる。ゆえに二つのお墓が必要だというのです。

一般的な教えとしては、人を憎んだり呪ったりしてはいけないという戒めのことわざです。しかし、霊学的にはこのことわざには大きな真理が含まれているのです。

初代会長隈本確（聖の神霊位）の霊学理論に「加念障害理論」というものがあります。加念障害とは、自分が発した憎しみとか怨みの念によって相手が病気になったり、事故を起こしたり、あるいは心身に不調をきたすことです。同様に相手の念によって自分に障害がおこることです。

この想い（念）による障害は、必ずしも呪いや憎悪だけではなく、盲愛、思慕、未練、恋情というような、きわめて人間的な「過剰な執着」によっても引き起こされます。すなわち、子を想う母の心、恋人を想うひたむきな女心などの「念」も相手に病を与えることもあるのですから要注意です。

多数の神霊治療を行い、その経過をつぶさに観察していますと、霊障の他に、加念障害と思われる病気も結構多いのです。基本的には神霊治療の浄霊によって加念障害による病気の症状も治癒いたします。念障害も生き霊による霊障であり、パターンとしては低級霊の憑依とひとくくりにできるのです。そのために神霊治療によっても治療効果が上がります。

前述したように、「恋しい」「会いたい」「死ぬほど好きだ」などという強い愛着の想いもエネルギーとして相手に飛んでいくということです。単にテレパシー程度のエネルギーなら大いに相手に飛んでいってほしいわけです。すなわち「好きだ」というこちらの想いに、相手が反応して「私も好きです」と返ってくるのなら、むしろ大歓迎ということになります。恋の成就は、むしろ心身が活性して健康にはよいわけです。

ところがテレパシーを超えた激しい「念」のエネルギーの場合、それが相手に押し寄せていき相手の心身の不調を引き起こすのです。

ユニークな霊理論「返り念障害」

霊格が高ければ低級霊の憑依を受けないというのが霊理論の常識です。大霊界の法則で言えば、人間はだれでも霊性を持っており、人それぞれに霊格の高さが違います。霊格の違いは、出生、修行、奉仕、祈りの生活、霊能力等によって差が出てきます。

人間は生まれながらにして両親の因縁や霊格を引き継いで生まれます。すなわち生まれたときから霊格の高い人もいます。しかし、出生のときの霊格はその後の暮らし方によって大きく変わります。そういう意味で、出生時の霊格はそれほど気にすることはありません。しかし近年は、出産を間近にひかえたご夫婦が当聖地に浄霊にいらっしゃることが多くなりました。少しでも霊格が高い子供で生まれてきてほしいという親心なのでしょう。

出生時の霊格の高低は、両親の霊格、先祖の生き様や因縁などによって決まると考えられますが、現在のところ、研究の途中にあり、今、この時点ではっきりしたことはわかりません。仮に霊格が低く生まれてきても、出生後の生き方によって、いくらでも霊格を高めることができますから、幼児の霊格についてはそれほど気にすることはないでしょう。

もちろん幼児でも、霊波が出ていますから、低級霊に狙われることは皆無ではありませんが、霊波は非常に微弱ですので低級霊の波長に共鳴することは、ほとんどないと考えられます。しかし安全のために（低級霊の襲撃から守るために）、早い時期に浄霊を受けさせておくことをおすすめします。

霊格というのは、必ずしも人間の立派な生き方によって決まるものではありませんが、正しい生き方、清浄な想い、思いやり、人のために尽くす、祈りの生活などは、高級神霊の好む生き方ですので、そのような生き方を念頭において生きることは霊格を高める生き方でもあるのです。

霊格の高い生き方をしていれば、その人の発する波長は低級霊の波長とは全く異なります。ゆえに、低級霊の憑依を受けることはありません。

その点では「加念障害」も同じです。相手より霊格が高く、かつ相手の送ってくるエネルギーより、自分の発する霊格エネルギーが強ければ、相手の加念を跳ね返すことができます。そこで問題になるのは、返された念によって障害を受ける「返り念障害」ということです。自ら送った念が返ってきて自分が障害を受けるわけです。端的にいえば、相手が発する念のエネルギーが、それほどに強いということになるわけです。

下世話でいわれている話に「恋患い」があります。恋する想いがあまりにも強いために、病気になってしまうことを「恋の病《やまい》」というわけです。

だれかを恋慕うということは、それだけ激しい念（想いのエネルギー）がほとばしっていることの証明でもあります。恋慕う想いは、相手に向かって飛んでいきます。思慕の情は、生き霊となって恋する相手に向かって飛んでいきます。そのエネルギーは通常ならテレパシーとして相手に受け止めてもらえます。テレパシーとして相手に受け止めてもらえば、こちらの気持ちが伝わるわけですから、めでたしめでたしということになります。

ところが発せられた想いのエネルギーが相手のエネルギー以上に強ければ、受けた相手は、そのまま加念障害を受けて体調を崩します。あるいは、受けた相手が重い病気にかかるかもしれません。ところが、相手のエネルギーが、発した人のエネルギーより強く、飛んでくる念を受け付けなければ、飛んでいった念は、発した相手に再び戻っていきます。まるでブーメランのように、自分の念が再び自分のところに戻ってきます。単に戻ってくるだけなら問題ないのですが、戻ってきた念は発した本人に障害を起こさせます。これが「返り念障害」という現象です。案外「恋患い」の一つの原因として「返り念障害」という現象があるのではないかと思われます。

ところで、発せられた念は返ってきても、発した本人がやはり対等のエネルギーがある場合、発した本人に障害を与えることなく宙に迷うことはないのかという疑問が湧きます。この現象は実際にあるのです。宙をさまよう「念」は憑依霊と同じように、波長の合う第三者に影響を与えて念障害を起こさせることがあります。憑依霊の霊障と同じ理屈です。自分自身の霊格もエネルギーも低く、かつ生命のパワーが弱いと、見ず知らずの人の

返り念障害とは……
(B)
(A)
守護神・
先祖霊
心
心
悪心
悵み
ねたみ
呪い
威圧
怒り
憤怒
加念
過愛
過慈
過世話
欲心
疑い
注視
こらしめ
加念
いたずら
邪魔
迷惑
過意識
守護神・先祖霊の格の高い人、
心・意志の強い人に加念すると、返り念障害をおこす。
A から B に加念するが、A の念は B によってはね返され、A自身に戻っていく。したがって A 自身が障害をおこす。

念障害（生き霊の憑依）を受けることになります。見ず知らずの人の想いのエネルギーによって生活が乱されたり健康を損ねたりするのはばかばかしい話ですが、これも大霊界のルールですから仕方がありません。

念障害（生き霊の憑依）はこうして防ぐ

念障害の防止も、基本的には低級霊の憑依を防ぐのと同じだと考えてよいでしょう。確かに死者の霊（低級霊）と、生き霊（念障害）では質も作用も違いますが、憑依されることで病気になったり、事故を起こしたりするという結果は同じです。憑依霊と異なる性質の霊ですが、霊的人間が発する念は「生き霊」として共通する部分もあります。

敵の弾《たま》に当たって怪我をするのも、味方の流れ弾に当たって不慮の怪我をするのも、怪我として出てくる結果は同じです。それと同じように、低級霊の憑依も生き霊による障害も結果として現れる体調不振や病気の症状は同じです。霊性という点では死者も生者も同じです。すなわち、低級霊も生き霊も同じ性質を持っています。それゆえ、同じ神霊治療の方法で治ります。

問題は予防法です。死霊の憑依と生き霊の憑依では性質が違いますから、同じ予防法というわけにはいきません。低級霊の憑依は、霊格を高めることで防ぐことができます。霊の波長が著しく異なれば、霊波が共鳴しあうことはありません。したがって霊格を高めることで霊の憑依を防ぐことができます。

それに対し生き霊は、生きている人間が発する「想いのエネルギー」です。霊魂の持っている波長とは直接的には関係がありません。生き霊の憑依は霊格の高低にはほとんど関係がありません。ただ、共通していることは、前向きな生き方を実践することで生き霊の憑依をシャットアウトできる例が多いという調査結果があります。単純にいえば、前述したプラス思考の生き方は霊格を高める上でも大切なことです。そういう意味で、生き霊、低級霊の予防法としては、共通している部分もあるわけです。

生き霊に対しても、私は「憑依」と表現していますが、低級霊の憑依と生き霊の悪影響も、多くは病気という形で現れ、その被害のこうむり方も似ています。生き霊によって発症する病気は低級霊の霊障と外見では区別がつきません。

霊的生活を送る上で、陰鬱な考え方、不平不満な毎日、高慢な考え方、祈りに無縁な生活、荒れた暮らし、暴飲暴食、欺瞞に満ちた生き方、怒りを内に秘めている日々……、このような暮らしをしていると霊格がどんどん下がっていきます。

生き霊に弱い人は、考え方がマイナス思考で、いつもくよくよ悩んでいます。食事時間が不規則だったりして、不摂生な生活をしている人が多いようです。

生き霊の憑依を跳ね返すなら、前向きな生き方、すなわちプラス思考、笑いのある暮らし、希望に満ちた未来、憎悪や怒りを捨てた心静かな暮らし、健康な生活を送ることが大切です。このような生き方は生き霊の侵入を防ぎます。

次に、祈りのある生活ということですが、それは自分の守護神を心に抱いた生活を送るということです。それはいかなる激しく強い「一念」の攻撃にも負けるということはありません。初代確からこんな話を聞いたことがあります。

初代が神霊研究者として脚光を浴びはじめた頃のある日、名の知られた密教行者が訪ねてきました。

「あなたが隈本確師であるか。私は数十年間にわたって修行で身に付けた念力行の秘術を使うことができる。その術とは、山伏の秘法《不動の金縛り》の術である。もしあなたの霊能力が本物なら、私の秘法を破って金縛りから逃れてみよ。いかがかな?」

言葉はていねいですが、心の中は闘争心にあふれ、初代に対して憎悪をたぎらせているのがわかりました。

初代には、その密教行者が何で怒っているか想像がついていました。ある長崎在住の五十代の女性が、二十年来の慢性頭痛に苦しんでいました。病院を転々とし、あらゆる治療を試みましたが一向に改善しません。苦痛に耐え切れず、行者の秘術にすがろうとして、五年前に祈祷を受けに出かけました。

それからほとんど毎月のように多額の祈祷料を払って祈祷をしてもらっていたのですが、症状は一向に改善しません。それで、そのころ名前が知られ始めていた初代隈本確のところで神霊治療を受けることにしたのです。それが成功したのです。二十年間、苦しみ続けてきた慢性頭痛が初代の神霊治療で救われたのです。大病院を巡り、ついには何百万円という祈祷料を払っても一向に改善しなかった原因不明の慢性頭痛が、ただの二十分の神霊治療で治ったのですから、当人が感激したのは言うまでもありません。ところが内心穏やかではないのは密教行者の祈祷師です。金づると考えていた患者を取られ、面目丸潰れです。そこで初代に念力勝負を挑んできたというわけです。

語り終わると同時に行者は合掌し、口にまんとらを唱えて激しい気迫で念じました。すると、初代の体は言い知れぬ重圧のようなものを感じたということです。

そのとき初代は《これが密教秘法の金縛りの術か》と内心納得したそうです。初代は初めての経験でしたが、《自分の体は、人間の体であると同時に守護神の体でもある。いかに強い秘法の念力といえど、守護神にまでその効力が及ぶとは考えにくい》そう結論を出すと、あわてず「聖の神」にコンタクトを取ったということです。

《わが身は即「聖の神」の宿るご神体でございます》と心で祈ったそうです。すると不思議にも今まで全身にかかっていた重圧のようなものが解《ほど》け、急に体に霊気がみなぎったということです。その瞬間です。目の前の行者は苦悶の表情でその場にうつ伏せに倒れました。行者は苦悶の表情でのたうちまわりました。

初代はすぐに悟りました。これこそが返り念によって行者は自らの念に苦しむことになったのです。

「お助けください」行者は片手で胸をかきむしり、片手を虚空をつかむように苦しげに差し伸べたのです。初代は、守護神「聖の神」のお力によって、行者の返り念を解除し、同時に行者を苦しみから救い上げたのでした。

この例をここで紹介したのは、祈りの生活を持つことで、生き霊の襲撃を撃退することができるということを皆様にお話したかったためです。守護神を持てばあらゆる生き霊、すなわち、他人の念の襲撃からもわが身を守ることができるということです。

高級念と低級念の生き霊理論

念は「想いのエネルギー」ですから、日常生活において、それこそ考えなしに垂れ流しているることがあるのです。垂れ流しというような下品な表現をいたしましたが、端的にはっきりした自覚もないままに、自らの「想念」を放出しているという意味です。要するに私たちは日常生活で、何の脈絡もなく「ふと想う」ということを無自覚に行っていることがしばしばあるわけです。

この場合、善い念だけなら問題ありません。清浄な空気のような「想い」を放出するなら結構なことです。ところが、排気ガスのような汚染物質が混入した念（想い）をまき散らしたのでは公衆道徳上まことによくありません。

念には「高級念」と「低級念」の二つがあります。高級念は善なる想いであり、低級念は悪なる想いです。

人間とは絶えず二つの想いに揺らいでいるものです。人間の修行とは、いかにして高級念だけで生きていかれるようにするかということでもあるのです。

初代隈本確は、念に関しての神霊学的研究を重ねていました。彼はその一部を自著でも発表していましたが、研究文献は私の手元に多数遺されました。私の「念の研究」は、この初代の基礎研究を土台にしたものです。

初代の「念理論」を引用しつつ、私の見解を加えて「高級念」と「低級念」について解説したいと思います。初代の分類で、念は次のように分類されています。

●念（想い）の分類

- 高級念
  - ①慈念
    - 慈しみ
    - 哀れみ
    - 恵み
    - 愛しむ
    - 尊重
    - 尊敬
  - ②和念
    - 平和
    - 共栄
    - 和睦
    - 友愛
    - 親愛
    - 協力
  - ③法念
    - 教育
    - 指導
    - 伝導
    - 遵法
    - 救世
    - 仁術
    - 医術

以上は私の分類ですが、初代は以上の分類に対して『光念（明念）』を④として加えて分類しています。

「光念」は不安や恐怖といった暗い気分を解消させ明るい光を与える念として分類されていますが、私は、③までの念の放出によって、光念の役目を果たすものと考えて、分類の中に加えないことにします。

分類の用語について説明しましょう。

①の「慈念」は文字通り慈《いつく》しみの「想い」です。仏教の「慈悲」と同じ想いを発することです。仏教の慈悲は、菩薩が衆生を哀れみ、苦を除き、楽を与えるという仏の教えです。人間を愛しく思う「念《おも》い」です。

②の「和念」は、他との協調精神で他を想いやるという「念」です。平和を願い、他人と協調し、睦まじく仲良くしようという想いです。

③の「法念」は、法《のり》、すなわち人間の守るべき道理、真理を尊ぶ精神で、人を導こうとしたり、指導したりするリーダー的、開拓者的想いです。宗教者や霊能者に求められる「念い」です。

以上のような高級念に対して、低級念が存在します。

低級念

- ④悪念
  - 憎悪
  - 怒り
  - 殺意
  - 犯意
  - 恐怖
  - 慢心
  - 嘲笑
- ⑤欲念
  - 執着
  - 独占
  - 欲情（劣情）
  - 嫉妬
  - 利己
  - 卑下
  - 吝嗇
- ⑥疑念
  - 誤解
  - 疑心暗鬼
  - 不信
  - 迷妄
  - 欺瞞
  - 詐欺心
  - 背信

低級念の解説をします。

④の「悪念」は文字通り悪しき心（悪しき想い）です。悪しき想いも人間生活の中でしばしば体験する想いです。恐怖心は自分の責任で生まれる「想い」ではありませんが、他人に与える「想いのエネルギー」としては悪い影響を与えますので、分類上は「悪念」の中に入ります。

⑤の「欲念」は仏教的にいえば「煩悩」であり、想いの乱れです。欲情は想いというより、人間の本能です。しかしこの場合の欲念は夫婦や恋人に対しての愛の想いを伴った欲情ではなく、時と場所や道徳をわきまえない「劣情」ということです。また、自分だけが得をすれば他人の迷惑は我関せずという「利己の想い」も念としては低級に属します。さらに、ゆえなくして人に嫉妬を抱いたり羨望したりする想いも低級といえるでしょう。吝嗇《りんしょく》というのは、俗にケチのことで、節約とは異なる心根です。過度に金品を惜しむ想いには醜さもあり、他人に害を与える念となります。

⑥の「疑念」も文字通り人を疑う心根です。人の心を読み違え、相手に対して疑心を抱くのも悪しき念です。また、人を欺いたり、罠にかけたり、人を裏切ったりする心根も低級な想いです。このような想いが生き霊となった場合、他人に悪い影響を及ぼします。

「よい想い」、すなわち高級念は、他者をうるおし自らの人格を向上させ、生き霊の加念を防止します。

問題は低級念です。自分では意識することなく、悪しき念を放出していることがあります。低級念の虜になったら、いち早く自分を取り戻すことがたいせつです。低級念の虜のまま、周囲に悪しき生き霊のエネルギーをまき散らすのは恐ろしいことです。

生き霊の憑依によって体調が悪くなったり、病気になったりする人が周囲に出てきたのではは た迷惑です。

心に守護神を抱き、いつも祈りを持つということが大切です。日神会の会員の守護神は「聖の神」です。しかし、会員以外の人でも、みずから望む守護神を心に描いて生活をすることが大切なのです。

初詣でに出かける神社仏閣の神様でもよいのです。祈りの対象となる神を己の心の中に持つことが大切です。

朝に夕に、心に描く「守護神」に向かって祈りを捧げることです。自分だけの祈りの呪文を持つこともよいことです。

悪しき生き霊を周囲に拡散しないことが現代人のエチケットです。自分だけの楽しみに没頭するのは、一見だれにも迷惑をかけていないのだからよいではないかと考えがちです。本当に、純粋に個人的であるなら問題はありません。しかし、その楽しみが独善的であったり、利己的だったりすれば、知らず知らずのうちに悪い念（生き霊）をまき散らしていることになるのです。

独りで音楽を聞く、読書をする、研究をする、昼寝をするというような行為は、問題がないし、場合によったら、善いエネルギーを周囲に施しているかもしれません。しかし、ひとり孤独の中に身を潜め、悪しき想いをもてあそんだり、人を憎んだり、激しく恋い焦がれたり、犯罪の想を練ったりすれば、周囲に低級念をばらまいているのです。

仲良しマージャングループがいたとします。楽しくゲームを楽しんでいるのなら、高級念の①の和念に属します。よい思いが清浄の気となって広がり、低級念（生き霊）の憑依を寄せ付けません。ところが賭け金の奪い合いに発展し、加熱し相手を憎んだり、怒ったりするようになれば、おびただしい低級念が乱れ飛ぶような悪念の巣窟となり、周囲に悪しき生き霊が大量に放出されることになります。

いついかなるときも、守護神を心に抱き、高級念を発散させるような美しき生活を心がけることが大切です。

念力を人生に活かして大願成就

今まで、念力の持つ気味悪さや恐ろしさを強調して話を進めてきました。念力の神秘性を説明するのに悪い事例を強調したほうが理解しやすいからです。しかし、それが本章の目的ではありません。

本章、Ｐａｒｔ４のタイトルにもあるように、念力の神秘現象を分析、紹介して、人生の勝者になろうというのが主題です。

「コケの一念」ということわざがあります。《コケの一念岩をも通す》という言い方もあります。コケとは正しくは虚仮《こけ》と書きます。意味は愚か者、愚鈍な人、馬鹿人間という意味です。このような愚か者でも一心に行えば優れたことができるということです。

必死に想えば愚か者でも岩さえ貫通させることができるのです。岩に穴をあけるわけですから、念写真どころのエネルギーではありません。写真原板に念を感光させる以上の強大なエネルギーでなければ岩に穴などは開けることはできません。

実際に念には強大なエネルギーがありますが、岩を貫通させたという事例にはいまだ接したことはありません。しかし、理屈としては可能性が皆無ではありません。長年に渡って水滴が落ち続け、石に開いた穴を見たことがあります。念力によっても、何十年も念じ続ければ、あるいは、岩を貫通させることができるかもしれません。

人間には目標を達成させようという願望があります。「いつの日か、現在続けていることの研究を必ず完成させよう」とか、「いずれ会社を大きくしてみせる」「いつの日かスポーツ大会で優勝してみせる」等々の願望です。この願望を激しく想い続けることが一念です。すなわちコケの一念で想い続けるということです。

想いはエネルギーとなって現実を次々に変えていきます。願望の行く手に立ちはだかる障害も「想いのエネルギー」が解決し、乗り越えることもできるのです。何も思わない人生には完成という喜びはありません。ひたむきに思うことが一念ですが、これは魂の叫びでもあるのです。「このようになりたい」「このような現実を作り出したい」「このようなものを手に入れたい」というような「想い」をもち続けることが人生には大切なことです。想いのないところには何も生まれません。強大なエネルギーによって願望を達成させることが人生を生き抜く知恵なのです。

空想と念には大きな違いがあります。空想にはエネルギーがありません。空想は文字通り空っぽの想いです。空っぽというのはエネルギーが存在しないということです。単なる「夢物語」は「願望」とは違います。願望には意志（念）がこめられています。念は想いのエネルギーですから、強く想わなければそのエネルギーは生まれません。その場合ですが、実際に可能性として実現できるものに対して念を持つことが大切です。

不器用でもサッカー選手になりたいという想いは実現不可能な念ではありません。激しくサッカー選手になった自分を強く想い描き、そのエネルギーによって鍛練、トレーニングを始めるということです。

サッカー選手になりたいという想いはあるが、想うだけで行動が伴わなければ空想と同じです。ただ想うだけではエネルギーが空回りします。及ばないことを想うだけなら、低級念の「欲念」と同じになってしまいます。

激しく強い想い、そのエネルギーの力を借りて行動に移さなければ何も始まりません。岩に向かって漫然とこの岩に穴を開けたいと考えているだけではエネルギーのほとばしりはありません。岩に穴を開けてみせるという気概をもって念を送り続けなければなりません。医師の友人に聞いた話ですが、ほとんど生存に絶望的な患者が、医師の見立てに反して命長らえ、ついに死の床から蘇った例があるということです。

この場合の患者の命を救ったのは「何が何でも生きてみせる」という患者の強い想い、すなわち生きたいという一念が生命力を強靭にしたのです。霊的人間は、自分の想いに左右されることはしばしばです。生きようとする意志（念）を放棄したとたん生命力がしぼんでしまうのです。

大願成就も同じです。何が何でも目的を達成させてみせるという強い意志、激しい一念を持つことが必要なのです。親がこの子を一流の野球選手にしたいと考え、幼いときから施す英才教育によって、親の念（想いのエネルギー）を浴びて子供は育てられるわけです。野球選手だけではなく、ピアニスト、バイオリニスト、バレエダンサー、学者……英才教育にはさまざまなものがあります。

親の願望、想いのエネルギー……、一念を、全身に受けて、子供は幼いときから教育されるのですから、実を結ぶことが多いのです。この親の想いのエネルギーに子供自身のエネルギーが一緒になれば、これほど強靭な目的達成へのパワーはありません。逆にこの激しい親のエネルギーにたじたじとなり、親の想いが生き霊となって子供を襲えば、子供は挫折したり病気になったりします。

親のエネルギーを子供がしっかりと受け止めてくれれば、その想いは高級念の「法念」となって子供の成長を促《うなが》しますが、子供が重荷と感じ、苦しむようでは親の想いは低級念のなかの「欲念」なってしまいます。

大願を立てるにしても、闇雲に立てるのではなく、実現可能な整合性のあるものにしなければなりません。子供の性向として学者のほうが可能性があるのに、自分がサッカーが好きだからといって親がサッカー選手にしようとして、英才教育を施すのは一歩間違えば、低級念を浴びせることになりかねません。

想いのエネルギーで大願を成就させることは人生にとって大切なことですが、間違いのない「念」の使い方をしなければなりません。

Part.5

神霊にすがって神秘力をいただく

——健康と運勢の強化法

神を想いひたすら祈る——念力（想いのエネルギー）で神を呼ぶ

祈りにはたくさんの種類があります。皆さん周知のことですが、それぞれ信仰する教主を礼拝する祈りが一般的です。仏教の南無阿弥陀仏やキリスト教のアーメンなどがそれに当たります。既成の大宗教の信徒が祈りを捧げる目的は、主旨としては、神や仏に見守られて生活していることへの報謝の祈りです。すなわち、仏、あるいは神を崇める心を持って手を合わせるということです。その心底には、仏や神の教えを信奉して、神仏と一体化したいという願望が込められているわけです。

信徒であれば、絶えず祈りの心を持って暮らすことは当然です。しかし、昨今の信徒はあまり深い考えがないようです。教会は結婚のアクセサリーで、お寺はお葬式取扱い所みたいに思っている人もたくさんいます。

イスラムのように戒律の厳しい宗教では礼拝の時間が決められていて、祈りとともに暮らしがあるわけです。

もちろん、信仰に生きる牧師や僧侶が神仏の教えを生活の指針として生きているのは当然です。昨今、僧侶や牧師の身でありながら法の道を踏み外したなどというニュースに接したりすると、思わず首をかしげてしまいます。

仏を讃える唱名に「南無阿弥陀仏」という言葉があるのは皆さん周知のことです。直訳すれば「偉大なる阿弥陀仏に帰依いたします」ということで、「あなたを信じてわが身をまかせます」というような意味になります。キリスト教のアーメンも、直訳すれば「かくあらせたまえ」ということで、「私の祈りの心を聞き届けてください」というような意味といえるでしょう。このように各宗教には祈りの言葉があります。これは、自分の信仰の想いを神仏に訴えるために唱えられるわけです。どんな宗教であれ、祈りとは信仰者の想いの表現です。

人間は、自らの激しい想いを絶対者に対して訴えたいという気持ちを持っているものです。例えば人間は、感動するものに遭遇すると、思わず手を合わせて祈りのポーズをとることがあります。一例を挙げるなら、大平原に真っ赤に燃えた太陽が沈んでいくのを見て、大自然の雄大な営みに、言葉に表せない感動がこみ上げてきたりしたとき、思わずひざまずき両手を合わせたりします。自分に感動を与えてくれた目に見えないものに対して、自分の想いを絶対者に訴えているのです。

感動を与えてくれるものは大自然だけではありません。美術でも、詩でも、不思議な出来事でも、心を揺さぶるものが感動です。感動と祈りは直結しています。なぜなら感動は想いの表現であり、その極まったところに祈りが生まれます。

私たちは手紙の末尾に「あなたの健康を祈ります」などと書きます。もちろん健康だけではありません。「仕事の成功を祈ります」「見事に入学できるように祈ります」「旅のご無事を祈ります」「ご自愛専一を祈ります」などと書いて手紙を結びます。このときの祈りという言葉は、多分に形式な儀礼ですが、一応そのように考えているという、自分の「想い」を相手に伝えているわけです。

この場合は祈るといっても、実際に手を合わせて祈るというわけではありません。「健康でいてほしい」「仕事が成功してほしい」「自分の身体を大切にして暮らしてほしい」という「想い」を「祈る」という言葉で相手に伝えているのです。

この手紙の末尾に使われている「祈り」という言葉は、実際に祈っているわけではありません。自分の想いを相手に伝えるための表現です。

祈るということは前述したように、想いの究極の表現ですから、祈るという言葉で自分の想いを伝えるのはあながち間違っているわけではありません。すなわち、ややオーバーに自分の想いを伝えているということになります。

しかし、これが自分の大切な人の病気が治ってほしいと思うときは、儀礼的に祈るということはないはずです。そのときは心を込めて祈るはずです。

自分の両親、あるいは妻や夫、息子や娘が病気になったら、単に手紙の末尾に儀礼的に使う「あなたの病気の回復をお祈りしています」という程度のものではないはずです。

実際に必死な思いで両手を合わせて、病気平癒の祈りを捧げるはずです。そして、祈りの究極は、神霊に自分の祈りの「念力」（想いのエネルギー）を送ることです。神霊の加護を願って想いのエネルギーを絶対者（神霊）に送り届けるというのが私の考える真の祈りです。今まで述べてきたように、祈りにはさまざまな形がありますが、究極の祈りは神霊へ自分の悲願を激しいエネルギーによって届けることです。

密教に「即身成仏」という秘法があります。生きながらにして仏になるという秘法です。行者が死んで仏になるということではありません。生きながら仏になる祈りです。すなわち激しく祈りながら仏と一体化することです。密教の即身成仏と形は違いますが、私の考える究極の祈りも神霊と一体化することです。私は日本神霊学研究会の会長ですので、私の究極の祈りは本会の守護神である「聖の神」と一体化することです。

私は「聖の神」の使徒として、日常的に礼拝の祈りを朝夕にいたしております。この祈りは守護神に対する感謝の念《おもい》を捧げる当然のお勤めです。しかしひとたび神霊治療者として「聖の神」に向かい合うとき、すさまじい「想い」を込めて祈ります。「聖の神」と一体になって現実を改革するというのは、自分が神になるということです。神の化身としてのパワーを発することです。神霊と一体になるための祈りですから、想い（念）に込めるエネルギーを最高の段階まで高めなければなりません。

初代が、密教行者の秘法《不動の金縛り》の念力に襲われたとき、「わが身は神なり」と念じ、「聖の神」のご神体を心に浮かべることで邪念を跳ね返したというお話を前述いたしました。そのときの初代の祈りも、念ずることで神と一体になるという究極のエネルギーの放出だったわけです。皆さんも何かのため、だれかのため命をかけて祈るときは、想いのエネルギーの激しさこそが必要なのです。

私たちは日本人の習慣として初詣でに出かけます。初詣でには、今年一年の平穏と家族の幸せなどを祈ります。この場合の祈りは、行事や習慣としての祈りで、切羽つまった祈りではありません。真摯な想いを神霊に伝えればよいわけです。

ところが、このような、習慣的、儀礼的な祈りと違って、本当に神の力をいただきたいという祈りもあります。自分が追い詰められたり、絶望のどん底に突き落とされたり、愛する人が重病にかかったりしたときです。

右を向いても左を向いてもどうにもならないところに追い詰められたときに、最後のより所は神霊の力です。すなわち「困ったときの神頼み」です。愛する人の病気が医学的治療に見放されたとき、愛する人の命の危機を救って欲しいとき、なすべき方法が全て目の前から消えてしまったとき……、すべての道は断たれ、それでもこの難局を乗り切らざるを得ないとき……、そのときは、神の力に頼るしかありません。まさにぎりぎりの祈りです。このときの祈りは、習慣や儀礼とは違います。激しい想いのエネルギーを神に対して伝達しなければなりません。

病気の平癒、どん底からの飛翔、受験合格、貧苦からの再起……、私たちは人生のここ一番の大勝負には神霊のご加護が必要なのです。このようなときには、神を想い、神霊の力を信じ、ただひたすら祈ることです。神霊にそのひたむきさを認めてもらうことです。

神霊に祈りのエネルギーの激しさを受け止めてもらうことが大切です。神霊の力による現実の改革です。

祈りの激しさはどのように表すか?

●祈りの時間と回数

初詣では習慣的、儀礼的な行事としての祈りですから、割に軽い気持ちで出かけます。祈り方も手軽です。お賽銭を入れて「今年も一年が無事でありますように」と、ありふれた祈りの言葉を呟いて終わりです。儀礼的な行事の祈りでしたら、その祈り方でも想いは十分に神霊に届いています。

この程度の祈りでも守護神(守護霊)の神霊力が活性しますので小さな災厄は免れ、家族に平和や日常的な健康がもたらされるでしょう。

ところで受験の合格祈願などの場合はどうでしょうか。私が調べたところでは、絵馬に「第一志望校が合格できますように」と書いて奉納し、お賽銭を捧げてお祈りして、それでお祈りが済んだと考えている人がほとんどです。この程度なら儀礼的祈りとそう大きな違いはありません。中には、わざわざ、合格に御利益《ごりやく》があることで知られている有名な神社へ、地方から出てきて祈願する熱心な受験生もいます。わざわざ足を運んだのに、祈り方は、儀礼的な祈りとさして変わりはないようです。絵馬を奉納し、お賽銭をあげてそれで終わりです。

合格祈願と比べて病気の祈願は真剣そのものです。本人であれ家族であれ、祈り方は真剣そのものです。命がかかわっているだけに、真剣味が感じられます。

神霊のご加護をいただくための祈りは真剣でなければなりません。儀礼的、習慣的祈りで大願を祈っても神霊に想いのエネルギーは届きません。

祈りの主旨は言葉で呟いてください。声に出さなくてもかまいません。心で呟いてください。例えば、「娘花子の病気をぜひ治してください。治していただけるなら、好きな酒を今後は一生呑みません。どうかこの想いを受け止めてください」とお願いするのです。

ご神体を心に描きながら長い時間をかけてお祈りをするのです。神社仏閣に出向かないで祈るなら、お守札のように、神霊の宿る具体的な物質があったほうが「念（想いのエネルギー）」を込めやすいと思います。飾ってある御守りを何度も見上げては何度もくり返して祈るのです。先ほどの合格祈願も儀礼的ではなく真剣に祈ることが必要です。時間をかけてじっくりと祈りの言葉を呟き、激しく想いを込めて祈るのです。祈りの想いを念力に変えてエネルギーを燃焼させるように激しく祈るのです。

わざわざ遠方から有名神社に訪ねてきて祈ったのですから、軽く儀礼的に祈りを流してしまうのはもったいないと思います。しっかり時間をかけて祈り、祈りが終わったら、御守りを求めて帰り、自宅に帰っても、その御守りを座右に飾って折にふれて祈りを捧げることが大切です。何度も何度も祈ることです。

一回の祈りの時間が長ければ長いほど効果があります。そして祈りの回数も多ければ多いほどエネルギーの放出が多くなります。想いのエネルギー（念）は「真剣」さと「時間」と「回数」の総計が大きければ大きいほど、祈りの主旨が神霊に受け止めてもらえるチャンスが増えるのです。

●お賽銭やお供え物

神霊は特別に物質的な要求はいたしません。しかし、祭りで神霊に感謝を捧げたり、決まった日にお供えをあげて、真剣な心からのお祈りを捧げる大衆の気持ちには、神霊はよい反応を示します。

供え物に関しても神霊には特別な嗜好というものはありませんが、季節の野菜や豊作の米などを供えて深い感謝の心を表す大衆の気持ちには反応いたします。

大衆の「感謝の気持ち」に対して神霊は好反応をみせます。感謝の想いというのは、取りも直さず感謝の念（エネルギー）です。感謝のエネルギーは神霊に直結しやすく、その見返りとして御利益《ごりやく》を与えてくださいます。

神霊は、お賽銭や供え物を好むというより、お賽銭を捧げ、供え物を捧げて感謝の気持ちを表明する（想い＝エネルギー）に応えるのです。

感謝の念の一片もなく、ただお供えをしても神霊は反応しません。感謝のエネルギーに乗せて願いの「想い」を伝えるのです。

実際はお賽銭の額の問題ではありません。神霊は金銭の価値について無反応です。神霊には百円と千円の差については知りません。神霊は経済的な単位については反応しません。神霊は、どれだけ真剣に祈ったかというエネルギーの量だけを識別して反応してくるのです。

百円より千円、千円より二千円のほうが必死のエネルギーが伝わります。しかし自分は貧乏だから神霊に想いが届かないのかと、心配する必要はありません。前述したように神霊は金銭の額に反応するのではなく、想いのエネルギーに反応するのです。貧しい人にとっての百円という金額は相当に大きな額だとすれば、その百円を捧げて祈るのですから、神霊にはしっかりと受け止めてもらえるのです。金持ちが軽い気持ちで一万円出して祈るより、貧しさの中からありったけの百円を出して祈るほうが、より神霊へ想いが伝わるのです。「貧者の一灯」という言葉があります。「富者の万灯、貧者の一灯」という言葉もあります。賢明な読者にはおわかりいただけたと思いますが、「貧しい信徒が爪に火を点すようにして貯めたお金は、一つの灯明しか供えられないが、その一灯に大きな真心が込められている」ということです。金持ちが万灯の明かりを寄付するのは当たり前で、貧しい人が一灯を捧げることが真心にかなっているわけです。

グリーン車で上京し、一流ホテルに泊まって、お賽銭に一万円投ずる人より、好きなスイーツを食べないで千円のお賽銭を供えるほうが神霊にエネルギーが届きやすいということになるのです。

●祈りのＴＰＯ

どんな場所で、どんな時間に、どんな場合に祈ったら効果が上がるかについて、前著の

「神と霊の力――神霊を活用して人生の勝者となる」でも述べました。前著をお読みいただいた人には重複する部分もありますが、本書でも述べさせていただきます。

ずばり言って神霊の鎮座する社《やしろ》の前で祈るほうが効果があります。しかし、実際は神霊はいかなる遠隔地で祈っても、祈りのエネルギーの質には変わりはありません。神霊が祀られている場所にのみ、神霊との祈りのチャンネルが通じているというわけではありません。祈りのエネルギーはどの地からでも神霊に到達します。

ところが、祀られている場所には神霊の霊気がみなぎっています。日神会の守護神「聖の神」を例に取っても「長崎聖地」「東京聖地」には独特の霊気が漂っています。聖地に一歩足を踏み入れられた人は、全ての人が体験しているはずですが、聖地全体に神霊の霊気が漂っています。この霊気に包まれて祈るのですから、神霊とのチャンネルが通じやすくなっているのです。

日神会の聖地のみならず、いろいろな御利益の神社仏閣が全国に点在しています。合格、病気平癒、金運、商売繁盛、安産、眼病の神様、山の神、海の神、氏神……と、数え切れないほどの神霊が存在します。

このような神霊は、どこでお祈りしても、エネルギーをキャッチしてくれるはずです。

ゆえに、自宅に居ながらお祈りをしても本来はエネルギーは神霊に届くはずです。ところが、神霊の鎮座する場所で拝んだほうが効果があるというのは、やはりエネルギーの問題です。目の前に神霊の霊気がみなぎっているということになると、拝む人の身の入れ方が違ってくるのです。

墓参を例にとって考えても納得がいくはずです。自宅の仏壇にも祖霊が飾っています。特にお墓参りに行かず、家の仏壇で拝んでいても、祖霊の加護に変わりはありません。それでも墓参に行くというのは、墓には霊魂が宿っていると考えるからです。実際はそれは単なる思い込みです。霊魂は墓にとどまるのではなく、大霊界にあって、人間を見守っているのです。しかし、この墓に父母が眠ると考えて墓参に行きます。墓地に対してここに愛する人が眠っていると考えるのが人情です。ここに霊魂がおわすと考える、その「想い込み」が祈りのエネルギーを強くしてくれるのです。

しかし、くり返し述べているように、どうしてもその場に足を運ぶことの難しい人は、自宅で、あるいは礼拝に便利な場所で祈っても、実際は変わりはないのです。

墓にしろ、神社にしろ、遠隔地から祈る場合はやはり、礼拝の対象になる、写真や御守りなど、霊魂や神霊の宿った物品がほしいと思います。供養の場合は写真や位牌、神社仏

現界における修業の心がけ

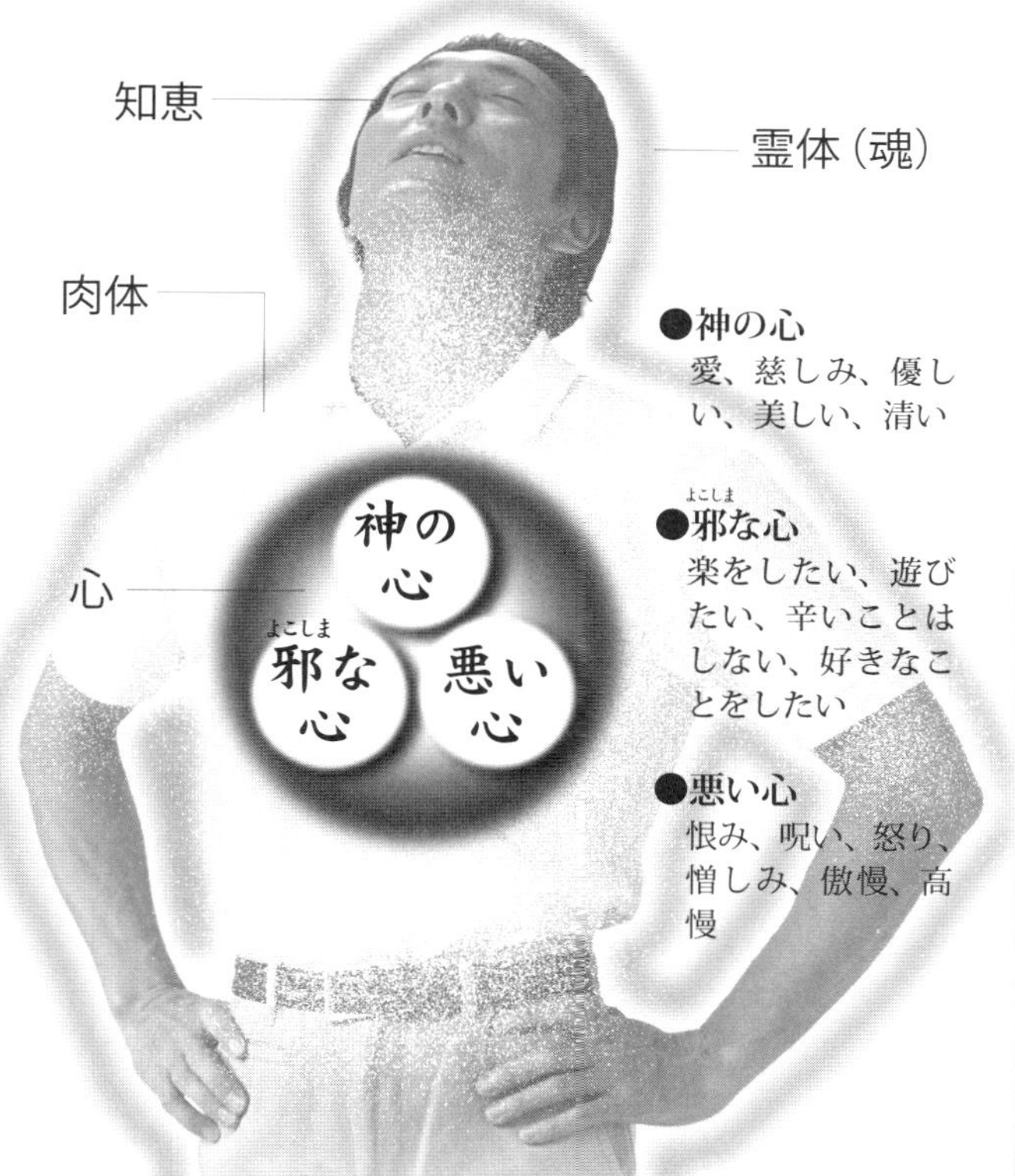

わたくしたちは人間界にある間に、邪《よこしま》な心、悪い心を淘汰し、神の心のみをしっかり育てていくことが大切。

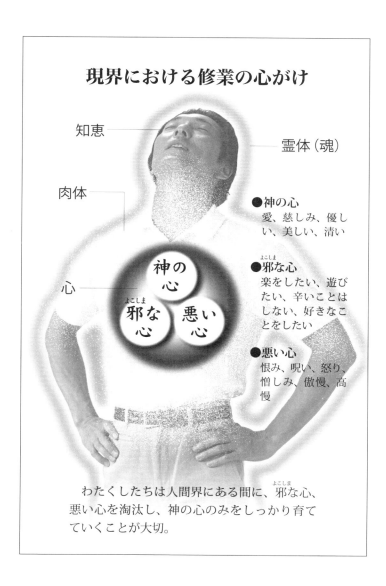

閣の場合は、御守り札が一番適していると思われます。

御守りは、神霊のエネルギーが付加された神聖な物品です。すなわち、神のエネルギーがお守札の中に込められているのです。優れた霊能者なら、御守りに手をかざすと、ぴりぴりとかすかな痛みを伴ったエネルギーを感じることができます。実際に御守りから神霊の気（エネルギー）が発散されている証拠です。

この御守りを祈りの場所に飾って祈るのがオーソドックスな方法です。大願を祈るなら御守りを注視してから礼拝します。深呼吸を繰り返しつつ、自分の精神が統一されるのを待ってから大願の主旨を神霊に訴えましょう。

聖地や神社仏閣の建物以外の場所でしたら、なるべくなら騒音の聞こえてこない、孤独な場所がおすすめです。同じ目的を持った祈願者が複数いる場合は何人でお祈りしてもよいのですが、個人的な祈りの場合は、なるべくなら独りの部屋での祈りが望ましいと思います。あなたが祈っている側で他人が談笑していたり、いびきをかいて眠っている人がいたりするのは好ましくありません。テレビやラジオの音声が聞こえるのもいけません。音の出るものはオフにして、雑音はシャットアウトして祈りましょう。

実際は難しいでしょうが、山頂の山小屋、洞窟の中などでの祈りは効果があります。

それは多くの場合不可能なことですが、せめて静かな部屋での祈りにしたいものです
聖地以外の場所で祈る場合は、特別に祭壇も供え物も必要ありません。前著でも話したのですが、満腹、酩酊、眠気、心が動揺しているときは祈りには適しません。
私の調査によれば、大願を成就した人は統計的にいって、他者浄霊を受けた後に神霊にアプローチするのは大変に効果があるという結果が出ています。浄霊によって、背後霊、守護霊、守護神などが活性し、こちらの祈りのエネルギーを受け止めてくれる割合が大きくなるためと思われます。

神仏の加護もその源は大神霊のエネルギー

通常、私たちは「神様に祈る、仏様に祈る」と言っています。この場合の神は多くの場合「ゴッド（キリスト）」や「アッラー（回教）」であります。この他に日本神道の「惟神《かんながら》の神」があります。これらの神に対して「仏《ほとけ》」があります。

本来、キリスト教も回教も仏教も、教えの宗教です。拝んで病気を治したり、祈ることで運をよくしたりするという神様ではありません。

しかし、信徒たちは悲しいにつけ苦しいにつけ神様に祈ります。これは、自分の人生を教えによってお導きくださる神に対して、教えとは別なご加護をいただきたいと考えるからです。

釈迦もキリストもムハンマドも偉大な宗教家であり、卓抜した霊能者でした。伝説によれば偉大な宗教の創始者は数々の奇蹟をもたらして人間を救済しております。

しかし、本来的には、病気を治したり願いを叶える宗教ではなく、人に道を説き教え導く宗教です。祈願に応えて願いを叶えてくれる宗教ではありません。

しかし、人々は教会やモスクや寺院を訪れて願いを叶えてもらうように祈ります。そして、実際にその願いを叶えてもらって、人々は信徒として暮らしているのです。しかし、キリストや釈迦が病気を治したり、お金を恵んでくれたり、大学受験に合格させてくれるわけではありません。それでも、人々は苦しいときに神にすがり仏にすがります。

初詣でには神社仏閣に押し寄せますが、半数以上の人はお恵みを期待するというより、習慣的儀礼として神社やお寺にお参りしていると思われます。

しかし、中には必死の思いで、お恵みや大願の成就を期待してお参りしている人もいるかもしれません。中には実際にお祈りの結果、霊験をいただいて大願を成就した人もいらっしゃるかもしれません。

東京の巣鴨に「とげ抜き地蔵」という有名なお地蔵様があります。大変に霊験があらたかで、巣鴨はお年寄りの原宿などと呼ばれて賑わっています。

本来、針を飲み込んでしまった御殿女中が巣鴨の地蔵様に祈願して、無事に針が体内から出てきたという由来があり、その故事にちなんでとげ抜き地蔵と呼ばれています。

地蔵というのは菩薩の異名であり、仏教の教えの中の一つです。確かに仏教の菩薩は衆生を苦から救い上げる仏様で、地蔵は、人間の身なりをして道端に立ち、人々を苦の世界から助け上げるのが役目です。人を助ける菩薩行の化身ですから、針を飲み込んだ女中を助けるというのも理屈に合っているのですが、本来、仏には祈って人の願いを聞き届けるという神霊的な働きはないのです。

祈って願いを聞き届けるのは「神霊」の役目です。各宗教が、祈りによって、貧苦から這い上がったり、病気を治したりするのは神霊のエネルギーを奉じて行っているのです。どんな宗教も、特別に教祖の教えがエネルギーを発しているということではありません。

各神々も、各仏も、各教団のご本尊も、確かに祈ることで人々の願いをかなえたり、病気を治したりしていますが、その宗教のご本尊が願いを受け入れているわけではありません。その本尊を通じて源流の「大神霊」に祈りの主旨が通じているのです。

私が会長をつとめている「日本神霊学研究会」は、大霊界の教えを信奉して神霊に願いを直結させる研究グループです。「聖の神」と呼ぶ神霊のエネルギーを暮らしや人生に取り入れながら、霊的生活を送るというのが会員の生き方です。「聖の神」は大神霊（素の神）に直結した神霊です。教えの根本は霊的生活をしっかりと生きて、魂の修行に励み、永遠の生命を得るということです。

人知を超えた力によって導かれる人生

神霊は人間の知力や体力や生命力をはるかに上回った絶対的な力を持つ存在です。神霊は造物主によって救世のために送り込まれた大霊界の偉大なエネルギーの化身です。通常は、神霊は神と同義語として使われています。すなわち多くの人は「神」＝「神霊」と考えています。しかし、実際は違うのです。「神は救いの理論（哲学）」であり、「神霊は救いのエネルギー」なのです。

神は救いの理論ですから、病気や怪我を治したりはできません。神霊は救いのエネルギーですから、病んだもの、歪んだものを復元しようという力が働きます。エネルギーには力があります。神霊の発するエネルギーが持っているパワーは、造物主の意思と考えることもできます。人知を超えた予想もつかない激しいエネルギーが神霊です。

病の原因が憑依霊であれ、肉体の衰弱であれ、肉体の歪みであれ、いずれにしても、病気を治すためにはエネルギーが必要です。憑依霊の除霊、霊の汚れの浄化、肉体の歪みの復元で病気を治すにしても、そこには激しいエネルギーの燃焼が必要なのです。

理論（救いの哲学）によって、考え方の間違いや、心の歪み、物の見方の歪みを正すことはできますが、病んだ体や肉体の歪み、憑依霊の除霊は、いかに優れた哲学によっても行うことはできません。

教えには理論によって、現実を改革する哲学はありますが、現実を物理的に改革するエネルギーがありません。

私の知人に牧師から医師になった人がいます。牧師の活動に限界を感じて医師の道に進んだのです。彼に言わせると、キリストの教えは人間を救済する理論として完璧な教えですが、病の人を助ける力だけが備わっていなかったというのです。

彼の話によれば、いくら崇高な神の理論を説いても病気で苦しんでいる人にとっては真の救いにはならないということに悩んだそうです。病の人を救うためには、医師になるしか方法がないといって、三十歳を過ぎて医学部に入り直し、医師の免許を取ったという変わり種の人です。

まさに彼の行動が「教え」と「エネルギー」の違いを端的に物語っているわけです。すなわち、教えは人間を教導し、苦悩の世界から救いの世界へ導くことができます。しかし哲学には病を治すエネルギーがありません。

牧師から医師に転向したのは、真の人間救済は、教え（救いの哲学）による心の救済だけでは足りず、病気の苦痛も取り除いてこそ完全な人間救済が果たせると考えてのことだったのです。

それと原理的には同じことを私は述べているのです。神霊のエネルギーは、理論ではなくストレートに改善、修復、回復をもたらす力です。

神霊のエネルギーには、肉体の病《やまい》や霊の憑依による霊障、肉体に起こる不調などを解消、復元する力を持っています。

神霊のエネルギーは、大神霊の意思によってこの世に起こるあらゆる不調、不全、歪みを正すために送られてくる奇蹟のエネルギーということです。

私たち神霊の信仰者は、哲学によって導かれているのではなく、偉大な神霊の奇蹟のエネルギーによって守られ導かれているのです。

人知では解明できない奇蹟のエネルギーに守られ導かれているということを、私たちは何にもまして有難く、力強く、幸せに感じなければなりません。

神秘のエネルギーを受信するアンテナに変身

神霊より奇蹟のご加護をいただくためには、あなた自身が霊のエネルギーをいただく優れた受信アンテナに変身することが大切です。大願を抱いて神霊に祈りを捧げても、あなた自身が神霊のチャンネルと結びついていなければ、せっかくの奇蹟のエネルギーも、あなたを素通りしてしまいます。あなたが偉大な神霊のエネルギーに、人生をサポートしてもらいたかったら、あなた自身が優れた神霊エネルギーを受け止めるアンテナにならなければなりません。あなたには、あなたの守護神、あるいは守護霊を通じて常時神霊と結びついていることが可能なのです。神霊をキャッチするアンテナが優れていることが、あなたの人生を幸運に導く鍵となります。

常時神霊と結びついていることで、あなたは神霊の奇蹟のエネルギーによって日常生活の不如意や危険から守られているということになります。その状態を言い換えるならば、あなたはいつも健康で、強運を身に付けて生活しているということになります。

あなたが神霊エネルギーの優れたアンテナになることができれば、神霊はさまざまな形であなたを守ってくれます。

どのように守っていただけるかというと、神霊はことあるごとにメッセージを送ってきています。霊能者ではない人は、神霊のメッセージがボイスになって心に響くということはないと思います。皆無ということではありませんが、ボイスのメッセージはあまり期待しないほうがよいでしょう。

それなら、どういう形でメッセージが届くのかというと、あなたの心に神霊の意思が反映されるというような形でメッセージは伝えられるはずです。

例えばその場所に行くことがあなたにとってよくない場合、神霊はあなたがその場所に行きたくないという気持ちを持つような形でメッセージを送ってくるのです。すなわち、その場所に行くことが、あなたにとって気が重くなるのです。あなたは行きたくないという思いにとらわれるわけです。なぜそんな気持ちになったのか、その理由は、あなたにはわかりません。しかし、神霊の意思があなたに伝えられて、あなたはその場所に行きたくなくなるわけです。

しかし、行きたくないといっても、相手と約束してしまっているから、今更キャンセルというわけにもいきません。しかし、神霊のエネルギーの偉大な証拠として、先方が突然の都合によりキャンセルしてくるのです。神霊がそのように仕向けたわけです。また、先方がタイミングよくキャンセルをしてこない場合なら、あなた自身が病気になって先方に行けなくなってしまうということになります。いくら約束したことだといっても、病気ならキャンセルも仕方がありません。

結果的にその場所に行かなかったために、よい結果を得ることができるということです。これが神霊の導きのおかげなのです。

前著「神と霊の力──神霊を活用して人生の勝者となる」でも述べたエピソードですが、乗らなければならないはずの乗り物に、忘れ物を取りに戻ったために大惨事を免れたというケースを紹介しました。

忘れ物を急に思い出させるように神霊は仕向けたのです。そのために事故に遭うことがなかったのです。運命というのはその七割は「神霊」と「守護神」のエネルギーのコラボによってもたらされるのです。

日神会の会員Aさんが、仕事の都合で四十数歳まで良縁を得ることができずにいました。この方は日神会に入会後、良縁の願いを「聖の神」に祈りました。入会後、六十五日めに、両親の墓参に出かけることになりました。

その墓地に行く方法として駅から降りて商店街のアーケードを抜けて行く方法と、畑の続く裏通りを抜けて行く方法の二つがありました。Aさんはいつもアーケード街を抜けて行く道を選んでいました。アーケード街のほうが幾分近道だったのと、お店を覗きながら行くことを楽しみにしていたからです。

その日に限ってAさんは畑の続く道を選んだのです。なぜ畑のほうの道を選んだのか、その理由は全くわかりません。あえて言うなら、無意識にということです。そして、その無意識に選んだ道で、現在の奥様、永遠の伴侶と出会ったのです。奥様にも後で話を訊くと、やはり駅に出るのに、その日に限って畑の道を選んだというのです。

これは、偶然と考えることもできます。偶然と考えるのも自由です。しかし、Aさんも、奥様も、私も、目に見えない奇蹟の力によって、二人は導かれたと考えています。神霊に導かれるということはそういうことなのです。

あなた自身が、神霊エネルギーの
優れたアンテナになれば、神霊からの
よりよい導きをいただける。
ビジネスの
アイデアがひらめく
病気と無縁で
いられる
異性にモテる
経済的に
恵まれる
希望に満ちた
未来が広がる
人間関係が
好転

それでは神霊に導かれることによってどんなメリットがあるのか、今までの収集した私の研究ノートから、主なものを抜粋してみましょう。

●病気に無縁になる

病弱だった人が嘘のように元気になり、風邪ひとつ引かなくなる。

●急にお金が入ってくる

お金に無縁だった人が、思いがけない収入に恵まれる。貸し倒れたと思っていたお金がもどってきたりする。宝くじが的中したりする。

●人間関係が好転する

今まで人間関係にぎくしゃくしていた人が、急に友達に恵まれるようになる。よい上司部下との出会いがある。

●ビジネスのアイデアがひらめくようになる

思いがけない考え方が浮かんできて、それを実行すると成功する。新商品の開発で力を発揮したりする。

●異性にモテる人間に変身する

神霊のエネルギーにより温厚で正直な人間に変身する。性格も明るく、自信に満ちた行動は魅力があり、男性なら信頼感の持てる頼もしい人間に見えるし、女性なら、快活でやさしい、母性的人間に見えるようになる。

●希望に満ちた未来が広がる

神霊によって未来の展望が開けてくる。今まであった閉塞感が払拭され、可能性が広がってくる。未来への道が目の前に開けてくる。

その他にも、日常的な些細な変化は数え切れないほどあります。私たちはその変化を実感しながら生きていくことができます。

神霊エネルギーの受信アンテナは神霊治療で性能がアップする

神霊への信仰心があれば、神霊のエネルギーをキャッチするアンテナは十分に機能するといってもよいと思います。しかしその性能をさらにアップして神霊の些細なエネルギーも確実にキャッチして、より豊かな人生を歩むということが必要です。

すでに前著でも述べましたし、本書でも前述しましたが、神霊のエネルギーを絶えず引きながら生活をし、頻繁に神霊にアプローチすることです。何か問題が起きたときに神霊にアプローチする、困ったときの神頼みも、私は悪いとは思いませんが、本当は、神霊へのアプローチ（祈り）を、毎日、時間を決めて行うことがベターです。困ったときだけに神頼みをするより、いつも、神霊につながっているほうがサポートの結果が確実になるということです。

何よりも効果が大きいのは、定期的に優れた霊能者から他者浄霊（神霊治療）を受けることです。他者浄霊を受けることで、その人自身の霊的生活のクオリティーが大きくアップします。

神霊治療の場合は、憑依霊の除霊や霊の汚れの浄化という目的で浄霊を行います。この場合の浄霊は病気を治すという目的があるわけです。

多くの人は、神霊治療のための浄霊を第一に考えています。その他としては、自分の運気の低迷や下降は、憑依霊の影響によるものではないかと考えて浄霊を受けにくる人もいます。開運の浄霊は、病気治しの神霊治療とは異なりますが、憑依霊の除霊が目的ということになると、浄霊の目的は似たようなものです。神霊治療ではなくとも、何か自分に悪い兆候が起きているからそれを取り除くために浄霊を求めるのですから、その場合の浄霊は「困ったときの神頼み」ということになります。

病気、運気の低迷、体調不振、悩み、迷い……等々、困ったときの神頼みも悪いことではありませんが、私が言いたいのは、それ以前の健全な暮らしを営むための浄霊こそが大切ということです。要するに現代医学でいうなら、予防のための医療です。

病気にならないように、運気が低迷しないように、いつも健康でいられるように、明るい生活が送られるように、日常的に神霊のエネルギーに守られているという状態を作ることが大切です。すなわち、日常的に神霊をキャッチするアンテナを鋭敏にしておくことが大切です。神霊のエネルギーとたえず結びついている状態を作ることが大切です。その方法として大変有効なのが定期的な他者浄霊です。

浄霊は病気の神霊治療と技術的には同じですが、健常の状態で浄霊を受けることで、守護神や守護霊が活性して、神霊のエネルギーをいつも全身に浴びている状態をつくることができます。霊的生活がいきいきと送れるようになります。

神霊の超エネルギーも、それを引く人自身の肉体や霊魂が劣化していたのでは、エネルギーのパワーも半減します。最高のエネルギーを、最高の状態で受け止めるということが大切なのです。優れた発信機に対して最高の受信機で受け止めてこそ、その結果が百パーセントになるのです。

私個人の考え方としては、少なくとも、年に一回は優れた霊能者によって浄霊を受けることが霊的生活のクォリティーを高めるために必要だと考えています。理想的には月一度の浄霊がベストです。しかし、霊能者が遠隔地にいる場合などは、しばしば浄霊を受けるのは、距離的、時間的にも無理なことだと思います。それで少なくとも年に一度と私が言っているわけです。信頼できる霊能者が近くに住んでいれば、実際は、月に一度は実行していただきたいものです。

サウジアラビアに「メッカ」という都市があるのは周知のことと思いますが、ここは、イスラム教の立教者ムハンマドの生誕地で、イスラム教第一の聖地と呼ばれています。世界各地から年間数百万人を超える巡礼者が集まって祈りを捧げます。

信徒は働き、お金を貯めて一生に一度はメッカを訪ねたいと考えています。それは信徒として、教祖を敬う信仰心の発露ですが、他には、その地におもむくことで、よりいっそうの神霊の偉大なる加護が期待できるからです。聖地に漂う神気にふれて、より強い開運がもたらされるからです。

スケールの大きさはともかく、日本にもかつては「お伊勢参り」という信仰がありました。日本各地から庶民は伊勢神宮をめざしました。お伊勢さんにお参りをすることで家内安全、商売繁盛を祈ったのです。

日神会の聖地は長崎と東京にありますが、年に一度は、この地に足を運んで浄霊を受けていただくことをおすすめします。お近くに在住の方は、足しげく通っていただき、浄霊を受けていただくことで、あなたの人生が大きく変わることと信じています。

霊能者による浄霊を受けることがよいのですが、たとえ浄霊を受けないまでも、聖地に足を運んで「聖の神」の発する霊気に身を浸すことで守護神、守護霊が活性し、あなたの身によい変化が現れることは確実です。

まず、神霊とのアンテナをシャープにするために、優れた霊能者による他者浄霊を受けてみることをおすすめします。前述したように、少なくとも年に一度、許す限りの時間を作って浄霊を受けることで、素晴らしい人生を歩むことができるのです。

Part.6

霊のとっておきおもしろ雑話

——動物霊から水子霊まで試論と私論

葬儀と死者と霊の関係

大霊界と関わりあっているのは、あの世の霊と現界に生きる人間が主ですが、同時に、現界に存在する何万種類もの動物や植物があります。

動植物は霊界とどのように関わっているか、実際に研究した人たちがいるということは聞いたことがありません。生きているもの、すなわち生命のあるものは、全て霊的な生きものということができます。しかし、動植物が大霊界でどのような位置を占めているのか、まだ、研究は十分ではありません。

ところが最近では可愛がっていたペットのお葬式をする人が増えているそうです。ペットと葬儀の意味についてはともかく、ペットを弔うというやさしい気持ちから葬儀が行われているのでしょう。

本来、お葬式の役目というのは、霊学的には深い意味はありません。形としては生きている人間が故人となられた人を偲ぶセレモニーと考えるべきものです。そういう意味で、長い間家族の一員のように暮らしてきたペットを偲ぶために、葬儀を営むというのは悪いことではありません。

葬儀の考え方は、古来から霊魂を慰霊し、鎮魂し、成仏させてあの世にすんなりと入っていけるようにと考えて行われる儀式が葬式です。どちらかというと、仏教徒の多い日本では、仏教的考え方を反映した儀式となっています。

推理サスペンス映画に登場する刑事は、殺人事件の現場で、死体を覗きこみ、手を合わせながら、「仏《ほとけ》さんは後ろからやられているね」などと話したりします。死者のことを「仏《ほとけ》」と呼んでいます。これは「死して仏になる」という仏教の教えからきているわけです。

仏教は死して仏になりますが、神道では死して「神」になるので、葬式と呼ばずに「祭り」と呼びます。キリスト教では死ぬことを神に召されると呼びます。

どんな宗教にしろ、死ぬことによって霊魂が現界からあの世に行ってしまうということは認めているわけです。肉体が機能を停止してしまうのですから、「死」という現象は厳粛な事実として肯定しなければなりません。

そうなると、残された身内や死者の親しい周囲の人たちは、霊魂があの世にすんなりと入っていけるように司祭（仏教の場合は僧侶）によって儀式を行うわけです。現界おける故人との永遠の別れですから、それは深い悲しみであったり、淋しさであったりします。現界からあの世へ行ってしまう別れでなくとも、別れというものは、いつの場合もつらく悲しいものです。ましてや死者は再び現界に戻ってくることはないのですから、残された人たちが悲しみにくれるのは当然のことです。

しかし死は、霊学的には、肉体という衣服を脱ぎ捨て「魂」となり、霊界に旅立つことで永遠の命を得るということです。霊界においてはひたすら天界へ上昇していく修行の中に入るのですから、何ひとつ悲しいことではないのです。死は永遠の魂の誕生です。

初代隈本確の霊界メッセージでも、自分の死について「喜び祝いなさい」と私に届きました。すなわち「悲しみは無用である。大いに喜び祝福してくれ」と語っているのです。

天寿を全うして「魂」となられた人なら「魂の修行」に入っていくことは、確かに新しい旅立ちといえるかもしれません。しかしそうは申しましても、若くして旅立たれた人の場合は、崇高なる魂の修行とはいうものの、手放しで割り切れるというものではありません。しかし、まぎれもなく死は「魂の修行」への旅立ちなのです。

現界における「死」と、
天界における「死」との違い。
天界
天界における死は、魂が肉体を捨て、
永遠の命を得ること。
現界
現界における死は、永遠の別れ。

葬儀によって魂の行方を左右することはできませんが、死者との別れのセレモニーを行うことで、残された人には永別の覚悟が生まれます。葬儀を行うということは残された人が別れの覚悟を決める区切りの儀式といえるかもしれません。そう考えて葬儀を行うなら意味のある儀式といえるでしょう。

霊学的には死と同時に魂は天界に行くか、天界に行けずに浮遊霊や地縛霊などの低級霊となって幽界をさまよい続けるかのどちらかです。

葬儀の有無や方法によって霊が救われるということはありません。ただ、霊魂は葬儀の場所にしばらくとどまって弔問者に別れを告げたり、葬儀の場所が、死者にとって生前に縁《ゆかり》の地だったりすると、その場所に別れを惜しんでしばらくとどまるということは、私の長年の研究でもいえるような気がします。

前著でも、タクシー運転手の証言として、病院から葬儀の場所に死者の霊を運んだというような事例があるように、葬儀と死者のつながりをあながち無関係と断じることもできないようです。それは、死者の霊魂の一つの関わり方の証明ではありますが、葬儀を行うことの作用ではないと考えられます。

葬儀を行わなければ霊があの世に旅立てないということはありません。葬儀はあくまでも残された人の別れの覚悟を決めるためのセレモニーということです。

天災や戦乱で遺体が見つからず、葬儀ができない場合があります。そんな場合、死者はあの世にすんなりと入っていけないのではないかと、遺族の人は心配しますが、その心配は無用です。遺体が見つかるまで、残された人に別れの覚悟は生まれませんが、魂が天界に入れないということはありません。ただ、突然の死であるために、自分の死を自覚できない霊魂はあります。この場合は、浄霊によって、霊魂を救済する必要はあるかもしれません。

植物の霊について——花粉症が神霊治療で治る？

私は霊学研究の末席を汚すものとして、生命の宿るものにはある種の霊的エネルギーが存在すると考えています。植物も生命があるのですから、当然ながら霊的エネルギーがあります。草木には精霊が宿るということは、古来から庶民の間では信じられていました。古木や大木には、御神木として信仰されている樹木もあります。山や林には神が存しているとと大昔から考えられていました。

植物の精霊は人間に対して祟《たた》りを与えるということは少ない気がします。故なく伐採された木が怒って人間を祟ったというような言い伝えなどがありますが、古木の精霊が人間を懲らしめるということについての研究データーは私の手元にはありません。

防風林を伐採して生活に被害を被ったり、いたずらに山林を荒らして崖崩れが頻発したりするのは、自然を蹂躙した人間の自業自得の事故です。この自業自得を植物霊の祟りと考えれば寓話としては成り立ちます。

生態系というのは、造物主（天地人をこの世に生み出した神）の意向が働いた、大自然のルールです。ある草原に草食動物が生息するのも、また、その草食動物を餌とする肉食動物が放たれたのも崇高な神の意思です。

草原にある草や、ある木ばかりが生えすぎますと、他の植物を駆逐して、山野は荒れてしまいます。神の意思によって複数の植物が共存し、自然を荒廃させない仕組みが作られているのです。一定の草木だけが勢力を伸ばしたのでは、神の意思としての調和の原理に反します。そこで草食動物がそれぞれの草や木の実を食べて山の植物が片寄らないようにしているのです。しかし逆に草食動物が増えすぎますと、今度は草や木が食べ尽くされて山野ははげ山になってしまいます。そうなると、雨が降り続いたりすれば、地崩れや山崩れが起きます。それでは造物主の調和の意思に反します。そこで神は、草食動物が増え続けないように、天敵の肉食動物を放たれたのです。このようにして、自然は神の英知によって、バランスを保ち、理想的な営みができるような仕組みが作られているのです。

この生態系のルールを破ったのは人間です。すなわち、人間は神の掟に逆らったのです。動物の毛皮が高額だと知ると、動物を殺して毛皮にしてしまいます。また、パルプの資源に樹木が必要ということになると、山野を伐採してはげ山にしてしまいました。これでは生態系に歪みが生じます。地球の温暖化など、文明の発達とともに、生態系も神の意思も踏みにじられてとどまるところを知りません。

花粉症は今や国民病のありさまを呈していますが、七、八十年前までは考えられない病気でした。杉林の中で暮らしている人も、林の中でチャンバラごっこをして遊んでいる子供も、花粉症なんかに無縁に暮らしてきました。

花粉症で苦しむ人が出てきたのも、神の意思に反した食物や化学物質の摂取で体質が変化してしまったための現象です。

面白いことに、花粉症は植物霊の霊障だと冗談を言っていた人がいました。それで、花粉症の神霊治療を求めて、当聖地を訪ねてくるのです。確かに神霊治療で花粉症が治った人がたくさんいらっしゃいます。年間何十人もの人が、神霊治療を受けにやってきて、花粉症が治癒しているのですから不思議です。

花粉症は植物霊の霊障ではありませんが、低級憑依霊が花粉症体質をもたらしたために、ひどい花粉症で悩まされるというのが真相です。

神霊治療によって憑依霊を除霊することで、花粉症体質から脱却して、苦しんでいた花粉症が軽くなるということはあります。家屋敷を守っていた大木を伐際してそのために、一家一族が不幸になったり、病気になったりするということで、浄霊を依頼されたことがありましたが、私の霊査では、樹木の祟りというより、昔、古木とともに暮らした先祖の霊が怒っての霊障でした。植物の霊が祟るという話は現在の時点では、それを裏づける材料はありません。

ペットの霊の話

冒頭でペットの葬式の話にふれました。前述のように、葬式そのものが霊学的には特別な意味を持つ儀式ではありませんので、ペットの葬式も同じことがいえるでしょう。葬式の意味は、残された者の決別の覚悟を決めるためのセレモニーだと前述しました。そういう意味で、ペットの場合も同様に、共に暮らした犬や猫への決別の想いを定めるということなのでしょう。死んだ猫に取りすがって号泣した人もいるのですから、ペットを肉親のように考えている人は結構多いのです。人間と同じように、葬式もしてやりたいと思うのも決して不思議な話ではありません。

よく質問を受けるのはペットの霊障についてです。ペットの霊も憑依するのかということを訊かれます。私はまともにペットの霊について研究対象にしたことがありませんので、確実なところはわかりません。ここの話は私の雑談として聞いていただきたいと思います。動物にも植物にもある種の霊的エネルギーがあるのですから、あるいは憑依現象ということも一応は原理的には考えられないこともありません。

霊界にペット(動物)が住んでいると語っている研究者もおりますから、ペットも死して天界に行くのかもしれません。しかし、私は霊界にペットが住んでいるという点について、私自身の研究対象にしておりませんので、私はその件についても申し述べる見解がありません。

ある人のペットが亡くなりました。子猫のときから十年間ともに暮らしてきた猫とのことでした。飼い主の落胆は大きく、その後、何もする気をなくし、茫然自失のような日々を送りました。まさに半病人です。飼い主は六十代の主婦で、夫に付き添われて私のところを訪ねてきました。

ご主人は霊界に興味を持っている人でした。ご主人は、死んだ猫が妻に憑依しているのではないかと疑っていました。

「何しろ、妻は、私のことはほっ放りっぱなしでも、それこそ猫可愛がりに可愛がっていました」とご主人はぶ然として私に言いました。

あまりに猫を可愛がるので、ご主人が嫉妬を感じるほどでした。

夫婦喧嘩をしたときに、「猫と別れるか夫と別れるか」という飛躍した話になり、奥様は売り言葉に買い言葉で、「猫と別れないで夫と別れる」と言ったそうです。

その理由たるや、「あなたは私と別れても、食事を自分で作れるが、猫は私が食事をあげなければ死んでしまう」と言ったそうです。夫婦喧嘩は犬も食わないということわざがありますが、これは犬ではなく猫の話ですから傑作です。まあ、それほど可愛がっていた猫だったということです。

側でご主人は面白い話をするのですが、奥様は笑いもせずに、無表情でぼんやりしています。なるほど、相当に重症です。

しかし、いろいろ霊査しても、憑依霊の霊障とは考えにくいのです。あまりの悲しさで少し、心に異常を来《きた》しているのかもしれません。そうはいっても、このまま帰してしまうわけにはいきません。

一応、神霊治療をしようということになりました。私は、心を込めて奥様のために浄霊いたしました。

それから、私は奥様に向かって、いかにもありそうな一般論を申し上げました。奥様の心を慰めるためにです。その猫は「しんチャン」という名前だそうです。

「確かにしんチャンはあなたに憑依していました。しかし、それは心ならずもあなたに憑依していたのです。本当はしんチャンは、安らかにあの世に旅立ちたいのですが、あなたがあまりに悲しむので、その念に邪魔されてあの世に行けないと語っていました。しんチャンは浄霊を受けて安らかにあの世にに旅立っていきました。しんチャンは安らかな目をしていましたよ」と私がいかにもありそうなことを申し上げると、今まで、放心していた奥様はキラキラした目をして、「しんチャンは安らかな顔でしたか?」と私に訊くのでした。「とっても、愛くるしく、かわいい目でしたよ」

「私があまりに悲しむので、あの世に行けなかったのですね。ああ、しんチャンに悪いことをしてしまいました。これからは、しんチャンの思い出を大事にして悲しまずに生きていきます」　奥様は涙を拭いて爽やかな顔で言いました。

その翌日、奥様は郊外の寺にしんチャンの納骨に出かけたそうです。

私は霊能者として、人助けをしたと思っています。ありそうな一般論で悲しみに暮れている奥様の心を慰めましたが、そのことを正しいアドバイスだと私は考えています。ペットにも霊があるなら、あまり深い悲しみは禁物です。死をあまりに強く悼むと、大霊界の法則では、その念に引きずられて霊があの世にスムーズに旅立てないことがあります。ペットにも霊があるなら、その法則は当てはまると思います。

狐狸や蛇の祟り

一昔前の霊能者と自称する祈祷師（拝み屋）の中には、狐憑きとか蛇の祟りによって病気が起こったと言っては多額の祈祷料をいただいていた人もおります。

また、除霊の仕方も暴力的で、霊を叩いて追い出すのだと言って、折りたたんだ経典で被憑依者の体を何度も音高く叩いて呪文を唱えたりする祈祷法もありました。経典で叩くのなら、痛いといっても、怪我をするほどではありませんが、中には木刀で叩いたという例などもありました。ずいぶん乱暴な話で、そのために命を落としたという人もいるのですから危ない祈祷です。助かりたいために祈祷してもらっているのに逆に命を落とすことになったのでは気の毒な話です。

私は、全ての生命体には「ある種の霊的エネルギー」が宿ると考えています。しかし、動物の霊が憑依して病気にさせたり、祟ったりしたという事実に遭遇したことがありません。初代隈本確は、動物霊には人に憑依してリズムを狂わせるだけの力を持っていないというスタンスを取っていました。初代が扱った神霊治療の数万例の中に動物霊の憑依は一例もなかったと聞いたことがあります。ときに、一瞬、霊視の中に動物霊が写ったときも、さらに目を凝らしているとその背後に人間の霊が浮かび上がってきたといいます。低級霊が目くらましに動物霊を使って霊能者を誤魔化そうとしたようです。

実際霊学の理論上、動物霊が人間に憑依してもあまりメリットはないはずです。霊学上の憑依現象は、人間に憑依することで霊魂が救済してもらいたいことを訴えているのです。低級霊が救済してもらいたいのは、低級霊の状態を脱して天界に入っていきたいから救済を求めるのです。動物界の霊界の仕組みについてはまだ研究半ばですが、動物が天界に行くということのメリットについてはあまり考えられないのです。

確かに動物も生命体ですから、霊的エネルギーがあるのはほぼ間違いはないのですが、動物霊の発する霊の波長と、人間の霊の波長は異なりますから、憑依するということは考えにくいのです。もちろん、ねずみと猫の波長も、猫と犬の波長も違います。猫や犬、ねずみなどの天界はいかようになっているのか、正直なところまだわかっていません。このような時点で、動物霊の憑依について論じるのはいかがなことかと思います。

まして、蛇の祟りということになりますと、荒唐無稽の考え方としか思えません。蛇に霊としての「想い」というものが存在するとは考えられないのです。

おとぎ話には、人間に助けられた動物が恩返しをするという話はたくさんあります。鶴も亀も恩返しをしています。狐や狸の恩返しの話もあります。

恩返しではありませんが、おとぎ話でなくとも、忠犬ハチ公のように、飼い主を待って駅まで足を運んだ美談が語り継がれています。もちろんハチ公の話は実話です。動物でも、まるで人間顔負けの愛の物語です。こういう話に接すると、動物の霊的エネルギーも人間と同様上昇していくのだろうかと考えたくなりますが、動物界にも天国、地獄があるのかどうか今のところ不明です。

動物の霊の憑依で考えられるのは、人間に対する復讐ですが、はたして、残虐な扱いで殺された動物が、死して魂魄となり、その人間に復讐したり憑依するものかどうか、はっきりとしたデータはありません。動物にも心はありますが、霊の波長が全く違いますから、人間の霊体に取り憑くということは、理論上ありえません。しかし、動物を虐待したという罪の意識によってその当事者が苦しみながら生きていくとすれば、それが動物の復讐ということになるのかもしれません。

平気で猫を殺したり、犬に矢を放ったりする不心得者が、それでは動物の祟りを受けないでのんびりとした一生を送ってゆうゆうと天界に上って修行が続けられるのかといいますと、そうは問屋は卸しません。殺生の罪を犯したものは相当に霊格が低く、低級霊に狙われやすい体質（霊質）を持っていますので、狂霊や悪霊に取り憑かれ悲惨な人生を送る可能性もあります。なぶり殺された動物は復讐できなくても、大霊界の掟はそんなに甘いものではないのです。

水子霊ついての私論

一時期「水子供養」のブームというべき現象が日本全土に広がりました。供養のブームというのは変な言い方ですが、ブームとしか言い様《よう》がないほどに水子供養が流行し、あっという間に日本全土を席捲していったのです。

水子というのは、この世に生を受けることなく母の胎内から流れてしまった胎児のことをいいます。不幸な状況で流産してしまった胎児もありますが、生まれることを歓迎しないため、大人の勝手な思惑で堕胎《だたい》された水子も多数ありました。

日本は堕胎に対してゆるやかな規制しかなく、性の乱れ、道徳の頽廃から堕胎する若い女性が数多く、日本は堕胎天国などと呼ばれました。その結果、何十万体という水子が闇から闇に流れてしまったのです。

もちろん、堕胎した女性たちの中には、自らの行為に罪の意識を感じて苦しんでいる人もいました。この罪の意識につけ込んでの供養の呼びかけです。供養を呼びかけるのは宗教者として悪いことではありませんが、罪の意識につけ込むというのは、人間として許されない行為です。本当の宗教者のやるべきことではありません。ところが当時、水子供養を呼びかけるやり方は、罪の意識を抱えている人に対して、弱みにつけ込んでの脅迫まがいの言葉で恐怖や不安におとしいれたのです。

いわく「あなたの腰痛は水子の霊障です」「子供が非行に走ったのは母親に憑いている水子の霊の障りです」「子供が腺病質なのは母親に憑いている水子霊のためです」……と脅かすことで水子の供養ブームを煽《あお》り立てたのです。

新聞、雑誌には、連日といってよいほどに供養を募る広告が氾濫《はんらん》しました。「水子供養を一体、一万円とか二万円で供養をしてさしあげます」という広告です。

罪におののいたり、深い悔恨に打ちひしがれている女性たちは、現金を送って供養をしてもらいました。

最初のうちは高額だった供養料も、供養を呼びかける宗教団体が林立することで、供養料の値下げ競争が熾烈で、ついにはどこもかしこもダンピング状態になり、ついには一万円にまで下落したのです。

供養が形骸化して、中には、三体の水子があるという女性は、三万円を送って「ああ、これで水子の祟りから逃れることができたわ」とあきれた安心をしている人もいました。

また「一万円払えば供養してもらえるのだから、何も心配することはないわ」と、続いて一体、二体と水子を追加するという、困った女性もいる始末です。

初代会長隈本確（聖の神霊位）は、持論として十歳以下の幼児、まして胎児の霊魂には、人間に霊障を与えるほどのエネルギーがないと結論づけていましたが、それを公表することで、モラルを踏みにじる馬鹿な輩《やから》が出てくるのではないかと考えて、水子霊障の無害論を述べることに躊躇《ちゅうちょ》していました。

確かに、私の研究においても、胎児の霊的エネルギーは非常に小さく、人間の肉体に霊障と呼べるような変化を与えることができるかどうか微妙なところです。しかし、心ある人は、水子を作ってしまったことに苦しんでいるのを知っています。私は、その罪の意識や後悔こそが、水子によるまぎれもない霊障だと考えています。私はその苦しみを浄霊によって洗い流すことをおすすめしています。

迷える霊はいつの場合も救いを求めています。水子の霊も浄霊することで救い上げることができます。

母親や一族に霊の障りとならないから水子の供養しなくてもよいということにはならないのです。この世に生を受けなかった水子霊を浄霊してやるというのは、許しを乞う行為であり、人間としての優しい気持ちの表出です。この気持ちを持つことは、人間として大切であり、そのような優しい気持ちを失ってはなりません。

浄霊をくり返すことによって、あなた自身の霊格を高めることは、取りも直さず罪を犯した人間の懺悔の行為でもあるのです。水子の霊供養は本人自身の霊格を高めつつ、同時に水子の浄霊をしてやることです。

守護神と守護霊の試論——霊にはいろいろな役目がある

読者の皆さまから、守護神と守護霊の違いについてしばしば質問を受けます。またそれらの関連から背後霊についての質問を受けることもあります。

人間は霊的な存在であり、各自には人間の暮らしに影響を与えたり、人生行路を導いてくれる背後霊が寄り添っているのです。

背後霊という言葉は、多分にイメージ的な呼び方で、文字のごとく解釈するなら、人間の背後に離れないで付きまとっている霊という意味に受け止められます。しかし、必ずしもいつも霊が背後に寄り添っているというわけではありません。

確かに霊視をしたり、霊とコンタクトを取るための招霊などを行いますと、人の肩の辺りや背後に霊の影が見えることがあります。そんなところから「背後霊」と呼ばれるようになったものと思われます。

背後にいるかいないかはともかく、確かに人間には、寄り添っている霊は複数あります。これから述べます霊の理論は私の独自の研究によるものであり、他の霊能者や初代の理論とは多少違うところもあります。しかし、霊に関する理論は、私のみならず、研究者によって微妙に異なる点があります。霊能者の研究のやり方によっても違いますし、時代によっても異なるところがあります。

霊の研究は物理的実験が少なく、推論や仮説によるところが少なくないので、理論が多種多様になるのは仕方がない点もあります。また研究の労力や年月の長さに比較して、研究の進歩は微々たるものです。霊の研究が近代化したのはほとんど昭和に入ってからといってよいでしょう。

霊の研究は、多くの文献、独自に集めたデータ、霊とのコンタクトによる推論、霊とのコンタクトによる仮説などの総合的な材料によって進めます。研究者によって研究の方法は大きく違います。私の霊理論も、私なりの研究方法によって組み立てられたもので、だれの意見とも異なる部分があると思います。

人間は生後、五、六か月の間に複数の霊と関わりを持つようになります。そのとき関わってくる霊は、おおむね善霊で、低級霊などの悪い霊との関わりは少ないのです。人間は、五、六歳までは放出する霊の波長が弱いため、悪霊《あくりょう》と共鳴することが少ないからだと思います。低級霊の憑依の危険性が出てくるのは十歳前後辺りからです。

人間に寄り添う霊の中心になるのは守護霊ですが、守護霊として選ばれるのは、死んで五年くらいから六〜七百年くらい経った先祖霊です。選ばれるのは大霊界の仕組みによります。

五年、十年という新しい死者の霊が守護霊になることはきわめてまれです。理由は死んで五、六年しか経たない霊は、霊界での修行が短いためと考えられます。大霊界の法則では、魂の修行が進んだ先祖霊が選ばれて子孫の一人の守護霊になるのです。

五年以内という短い歳月で守護霊になれるのは、生前、人間界で霊的修行を続けた、高僧、神官、牧師、学者、武芸家、など一芸に秀でた人格者が死して後、瞬時に守護霊となることがあります。ちなみに日神会初代、隈本確は死して、時間を置かずに日神会の守護神である「聖の神」として再生いたしました。

どんな守護霊であれ、大霊界のルールによって決められる守護霊ですから、私たちはその守護霊とともに人生を生きていかなければなりません。

霊格の高い人は高い位の霊が守護霊となります。位の高い守護霊は、しっかりとその人を守り、よい人生をガイドしてくれます。しかし、霊の位について、私たちはそれほどこだわることはありません。その人のその後の生き方や努力の仕方で、守護霊の位は自然に上がっていきます。人間の霊格が上がるにしたがって霊の位も上がっていきます。自分の力で守護霊の位を上げてやればよいのです。

ところで、守護神ですが、守護霊と共に人間は多くの場合守護神をいただいて暮らしているといわれています。ほとんどの場合は、守護霊の位が上がって神格化したものがその人の守護神となるのです。

守護霊の位が上がっていき、ついに神格化した守護神という例が一般的ですが、中には、先祖の代から守護神として代々受け継がれてきた守り神が、そのまま守護神となる場合もあります。

日神会の会員の中には、「聖の神」が守護神となっている場合があります。当然ながら、日神会の守り本尊は「聖の神」であり、熱心な会員の真摯な祈りが神霊に伝わり、その人の守護神になったと考えられます。なぜなら、守護霊や守護神は、人生の中で入れ替わることがあるからです。

神や霊に守られ導かれている人が、傲慢、背徳、不信心に変身して、人間の道を踏み外した生き方を続けていると、やがて霊格が低くなっていき、守護霊の波長と合わなくなってしまいます。その場合は、守護神は離脱し、守護霊が低級な霊と入れ替わるのです。そのようなケースとは逆に、その人の精進や、信仰心の厚さによって、現在の守護神や守護霊より格上の霊に入れ替わることもあります。

「聖の神」を守護神としていただいた会員は、精進にすぐれ、信仰心が深くなったので、入れ替わったものと考えられます。守護神、守護霊の入れ替わりは、同時に行われることもあれば、どちらかだけが入れ替わるということもあります。

守護神と守護霊の働きの違いは、それほど大きな差はありません。性質としては「神霊」と「心霊」の違いです。

「守護霊」は、その人の人生にプラスに働くようにサポートし、「守護神」はその人の願いを「大神霊」に直送する役目を担います。神霊に届けた祈願を神霊は受け止め、救いのエネルギーを守護神に返送します、守護神は神霊のエネルギーを受けるアンテナのような役割を果たすと考えられます。

人は神に祈願しますが、その媒体としての役目を守護神が果たします。祈りの主旨は、守護神を通じて大神霊に届きます。力のある守護神に守られていれば、神霊のエネルギーをいただくことは比較的容易です。常日ごろから守護神の力を強くしておけば、神霊のエネルギーにアプローチすることがスムーズになります。

守護神や守護霊の力を強くするのは、守護してくれる見えない力への感謝する想いの持続と、祈る心の持続です。感謝の想いと祈りを神に捧げながら生活するということです。いつも自分を守護してくれる見えない力に感謝し、祈り続けるということです。

背後霊は、守護霊だけではありません。前著でも述べましたが、自分の才能や仕事をサポートしてくれる霊がおります。私はそれらの霊を「指導霊」と呼んでいます。

自分を信じ、日々才能を磨くために努力していれば、すばらしい指導霊が寄り添ってくれるかもしれません。

指導霊は、すぐれた先人の霊です。医師に野口英世の霊、野球少年に川上哲治の霊というように、すぐれた先人の霊がその道に精進している人に寄り添うのです。作曲家、画家、小説家など、いろいろな指導霊があります。

芸術家やスポーツ選手だけではなく、商売人や学者、軍人、武芸者、宗教家などにも指導霊があります。音楽家にチャイコフスキー、画家にピカソ、科学者にエディソン、事業家に松下幸之助の指導霊が寄り添ってくれれば成功間違いなしです。

しかし何もせず、何の努力もしていないのに指導霊が寄り添うことはありません。「一流の医者になりたい」「野球選手になりたい」「すぐれた事業家になりたい」「すぐれた科学者になりたい」と考えて日夜努力している人に指導霊は寄り添うのです。何も努力しないで怠けている人に指導霊が寄り添うことはありません。

まれに、突然、関係のない人に指導霊が寄り添うことがあります。その理由はわかりません。そのために突然あることで頭角を現す人がいます。今までそんな才能の片鱗もなかったのに、急に脚光を浴びたりする人がいます。そういう場合は、指導霊が寄り添ったのだと考えることもできます。

そのような、出世したり、有名人としてデビューさせるような指導霊だけではありません。営業マンとして成功するような指導霊、子育てを上手にさせてくれる指導霊、お掃除上手にさせる指導霊など生活に密着した指導霊もあります。

残念ながら、どのような仕組みで指導霊が寄り添うのか、まだ研究の途上ではっきりしたことはわかりません。

こつこつと、目標に向かって努力することが大切だという程度のことしかアドバイスができません。

「果報は寝て待て」ということわざがありますが、正式な意味として、人事を尽くして後は、焦らずに天命を待てという意味であって、何もしないで寝ている人によい結果などは期待できません。

指導霊もまた同じです。自ら進むべき道に努力して、技を磨いている人に指導霊が寄り添ってくれるのです。

Part. 7

死の真相と死後の世界

現代的解釈による迷える霊の姿

霊界の実在を前提として生きている私にとりましては、死後の世界を信じるのは当然のことで、改めて力説するほどのことではありません。

しかし、死後の世界なんか存在しないという立場に立つ人がいるかもしれません。が、考え方は各自自由であり、どのように判断するのも許されます。私は、私の立場から死後の世界は実在すると申し上げているわけです。

人間の死は無であると考えるのは虚無主義者です。そのような虚無主義者に対して、私は反対の立場に立っています。霊学の研究者の末席を汚す者として、私の立場は当然のことということになります。

霊魂の存在を信じる人にとって、死は終わりではなく、永遠の生命を得たスタート地点ということになります。

初代の生前、私は直接、死後の世界について聞いたことがありました。

初代いわく、「目に見えるものしか信じようとしない人は、自分が死を迎えて、初めて死後の世界に驚きを感じるのだ。現界で死後の世界に冷ややかだった人は、死して初めてうろたえる」というのです。

何しろ死とは肉体という衣服を脱ぎ捨て魂だけになることです。肉体は無くなってしまったのに、想いや魂だけは残るのです。死後の世界を否定していた人は、魂だけになったことに少なからず混乱するというのです。

死後について無思想だった人は、全く想像もしたことのない死後の世界に入ったときから迷い苦しむと初代は語っています。

それに対し、生きているときから死後の世界を信じている人は、肉体という殻を脱ぎ捨てた後も、死を自然に受け入れて、自分の守護神や守護霊に導かれてあの世にスムーズに入っていけるということです。ゆえに、現界を生きている間に、あの世のことを研究して理解を深めておくべきものだと初代は説いています。

人間臭い言い方になりますが、あの世に行って迷わないためにも、生きている間に、あの世の姿について、ある程度勉強をしておいたほうがよいということになります。人間が肉体という衣服をまとって、現界を生きているのも八十年から百年前後です。それに比べて、魂となって霊界で過ごす時間は永遠です。

未来永劫の霊界の時間に比べて、現界での暮らしはまさに一瞬としか言い様のない限りある瞬時の時間です。

この現界で生きる短い時間の中で身に付けるべきことは魂の修行です。死して永遠の生命を得る魂の修行によって、それぞれの人間の霊格が定まり、霊界での修行の場所が与えられるのです。短い現界を生きるということは、永遠の時と場所を得る修行と試練の場所なのです。

現界での短い修行期間をみっちりと励み、その結果として、永遠の魂へと引き継がれていくのです。

現界において神の存在を否定し、死後の世界を無としてしかとらえず、刹那《せつな》的に遊び暮らした人は、死を迎えて魂のみの存在となったとき、自分の居場所がわからずにおろおろしなければならないのです。そう説明しても、ただ言葉で述べたのでは、読者には、はっきりとした形象が浮かんでこないと思います。私が言おうとしている真意は、なかなか、実感として伝わらないと思います。そこで、死後の迷える霊魂の姿を、イメージとしてドラマチックに表現してみます。

霊魂が肉体を離脱した直後、迷える霊魂は、一瞬、痴呆状態になります。肉体を離脱したのに、幽体からの離脱が終わっていないために、魂はまだ、自分が五体満足と思っています。死について明確な自覚もないので、霊魂は、親族や知人、友人に語りかけたり接触しようとします。しかし、自分が語りかけても、だれも何の反応も示してくれません。このような状態に、不安と孤独、それ以上に、恐怖すら覚えます。

葬儀の場所でも、火葬場でも、だれ一人として自分に気づく人もおりません。こちらが合図をしたり。肩に触ったりしても、反応を示してくれません。

やがて時間が経過していくにしたがって、霊魂は自らが死んだことを悟るようになります。それでも、一向に事態は変わりません。薄明の続く荒野。もちろん霊界ですから現界の荒野の風景とは違います。しかし理解するために現界における荒野のような風景をイメージしてください。その中を迷える霊魂はとぼとぼと歩いていかなければなりません。歩くというのもイメージです。肉体のない霊魂は人間が歩くようには歩けません。

中には、その過程で奈落(地獄世界)へと堕ちていく霊魂もあります。このような迷える霊は近年急増していると感じます。迷える霊魂はいち早く救済しなければ現界に暮らす人間に悪影響を与えます。すなわち、霊障による病人、犯罪、事故が急増し、社会不安の一因にもなりかねません。

現界で霊界のことを学び、自らを日々祈りの中において、浄化し、霊格を高めて天界入りを果たすように心がけて暮らすことが何より大切な霊的生活です。

霊格の高い人の死について

一般の人の死は、苦しいものではなく、死の瞬間は安らかなものというのが医学的にもいわれています。前著でも紹介した話ですが、私の知人の医師で、臨死体験をして生き返った人がいます。その医師から聞いた話ですが、本人は、急性の心不全で、一瞬苦しい思いをしたということですが、その後、すぐに何ともいえない心地好い眠気が襲ってきたというのです。「ああ眠い」と思いながら、眠りの中に引き込まれていったのですが、それが彼の死の瞬間だったわけです。

当然ながら家族には医師から臨終を告げられたのです。子供や兄弟も呼び寄せられ、いよいよ、死を迎えるというときに彼は蘇生《そせい》したのです。

「死の瞬間は何とも気持ちがよくてね。このまま目覚めることなく、眠りに入っていきたいと思いましたよ」と、言いました。

彼は医師として数え切れないほど患者の臨終に立ち会ってきました。見ていて苦しそうなので、死とは苦しみ多いものだと漠然と考えていました。

「ところが、意識の無くなる瞬間は何ともいえない安らかなものだ。心配することはないんだね」

彼は私に言いました。彼の言葉を聞いたとき、通常の死とはそれほど苦しいものではないことを私は納得しました。

臨終を告げられた病人は、大抵は酸素マスクを付けられ点滴のチューブが付けられ、死を迎える人は苦しそうにあえいでいます。側で見ている人は苦しそうだと思い、何となく死ぬ瞬間は苦しいのではないかと想像しがちです。

しかし、臨死体験をした人に、死の瞬間について訊いても、死の瞬間は苦しくないと、体験者は口をそろえて語ります。どうやら、その言葉を信じてもよさそうです。

しかし、私たち神霊学の研究者にとって関心のあるのは、死の瞬間が苦しいとか安楽とかいうこと以上に、死んだ後の霊魂のあり方について関心があるのです。死と同時に霊魂はどのようになるのかということです。

通常の霊魂は死を迎え、霊界に入るまでには、一定の時間（二日〜五日）眠ったような状態でいて、その後に目覚め、それから霊界に入っていくという説もあります。

私の研究によれば、現界で霊格が高い生活を送っていた人は、眠りの準備期間を経ずして、死を迎えると同時に、肉体から離脱し、同時に幽体をまといつつ、周囲の状況から自分の死を確認して、さらに幽体を抜け出して霊界へと入っていくのが普通です。初代確によれば、この時点で霊魂は、生前、魂に刻んでいる「聖の神」の御神影「聖」の文字を魂によみがえらせることで、天界道にスムーズに入れて、そのまま、死後の世界（天界）へと移動できるのです。

本来、霊学的に死を定義づければ、死は肉体という殻を脱ぎ捨てて「魂」が誕生することです。霊学的には、死は決して悲しむべきことではないのです。しかし、あくまでもその死は「天命」でなければなりません。

天命とは「天寿」のことであり、大霊界の法則によって定められている「寿命」のことです。

ただ、この寿命についての定義は、非常に難しいものがあります。霊学的には、生まれた時から人にはそれぞれの寿命が決まっているのです。天が定める寿命は「百歳」の人もいれば、「五歳」の寿命もあります。これは、優れた霊能者には予知できるのですが、心ある霊能者は、軽々しく人の死の予知など口に出したりはしないものです。中には、悪徳霊能者がいて、ここで祈願しなければ、娘の命は余命半年などと脅迫して、多額の祈祷料をかすめ取るという例もあります。悪徳霊能者には予知能力などありませんから、天命を言い当てたりできないはずです。

死の多くは天命です。天命とは大霊界の法則で定められた命です。死が天命なら、本当は悲しむことはないのです。人間である限り、いつの日にか天命の日がやってきます。天命である限り、厳粛な霊的真実と受け止めて悲しむべきことではないのです。

大霊界の法則で定められた命は、その後、霊界に入って神へ上り詰めるための修行に明け暮れるのです。その歳月は計り知れないほど長い歳月です。霊界の時間は永遠です。

死とは、神に上昇する修行の期間に入っていく第一歩が死なのです。そう考えれば、死を悲しむことは一切ないのです。

そもそも、現界での暮らしが、大霊界の法則によって営まれており、かつ生き方が真摯で、大霊界の法則にしたがった生涯であれば、死は恐ろしくないのです。

霊学的には、本来は死は喜ぶべきものであり、悲しむものではないのです。残された人の悲しみは、死の悲しみというより、別れの悲しさで、死者を送る現界の人たちのだれもが経験しなければならない試練でもあります。しかし、死出の旅に立つ当人にとっては喜ぶべきものです。

問題は霊界に入っていけない人たちの死です。前項で述べたように、迷いの霊たちは果てしない、現界にある荒野のような場所を旅しなければなりません。その荒野は光のない薄明の道です。そして、現界と幽界を、行きつ戻りつ何度も往復しながら、現界の人に憑依して、救済を訴えるしか方法がありません。

低級霊の辛さを回避するために、大切なことは、現界で神霊との交流をしばしば行い、時には祈り、浄霊し、自らの霊格をいかに高めるかが大切なのです。

世界の人は死後の世界をどう考えているか

人間である限り、死後の世界が気にならないはずはありません。何千年も前から人間は死後の世界についてあれこれと考えてきました。しかし、だれ一人として霊界で何か月も暮らしてきたという人はおりません。霊界の入口まで行った「臨死体験者」はたくさんいますが、あくまでも入口であって、霊界そのもので暮らしてきたわけではありません。すなわち、あの世で暮らした体験者はいまだかって存在していないわけです。そういう点で、霊界は私たちにとって、あくまでも謎の世界ということになります。

私たち神霊の研究者は、いろいろな情報や文献等の資料を分析し、あるいは招霊によって、霊の言葉を訊き、霊の口から聞いた内容と、収集した資料を突き合わせて死後の世界を描き出しています。

時代によっても霊界の風景や霊界の様相は変わりますし、招霊した霊の、現界における身分や教養などによっても伝えてくる霊言は異なります。実際に優れた霊能者でも、霊界の実相を特定するのは難しい作業であります。

あの世に対する興味は、人間である限り、全世界に共通して関心が高いのは言うまでもありません。昔から、いろいろな国、多種多様の民族によって死後の世界や霊界について論じられています。「霊魂不滅」の考え方は古い昔からあり、その考え方は、今も変わらずに根強く現代に至るまで残っています。

少し荒唐無稽な感じもしますが、アフリカの霊能者の中には、生きているときと同じように、あの世に行っても結婚をしたり狩猟をして暮らしていると語っています。

ゲルマン族の心霊研究者は、現界で人のために尽くした人は、あの世では黄金の家に住み、美人の妻を娶《めと》り、現界よりずっとよい暮らしをすることができると述べています。ときには、死者の国の悪魔の軍勢を追い払う戦争もしなければならないが、あの世に住む死者の軍勢は悪魔の軍勢より力が強く、負けることはないと綴られています。

ユダヤのある霊能者は、死とは、帰ることのできない、暗い淋しい場所に行くことだと、悲観的な見解を述べています。

霊障についても二つの意見があり、死者は現界の人間に悪い影響を与えると考えている人もいれば、死者は人間に害を与えたりせずに、むしろ人間を守ってくれるという説を述べている研究者もいます。すなわち人間界には霊善説と霊害説の二つがあるということです。仏教発祥の地インドでは、死者は何度も生まれ変わると信じている人が多いようです。仏教の輪廻転生の思想が暮らしの中に生きているのかもしれません。

欧米の研究者の中には、おとぎ話のような説を述べている人もいます。興味のあるのは、「照応」の説です。霊界は人間界より高度で、霊界に存在するものと、全く同一のものが現界に存在するという説です。

極論すれば、我々と同一の人間が霊界に存在し、同じ行動で生きているというのです。霊界の自分が頭をかけば現界の自分も頭をかくというのです。建物も、ペットも家具も洋服も全く同じものが霊界にあって、霊界のそのままを私たちは「現界」で生きているというのです。霊界優位の思想で面白い話ですが、あまりにメルヘンチックで素直に受け入れられない考え方ということになります。

あの世の考え方に多分に宗教観や民族固有の思想が反映されるのも当然のことと思われます。前述したように資料や、招霊によって構築されている理論ですので、どうしても宗教や民族意識などに影響を受けるのはやむを得ないといえるでしょう。

初代確の書き遺《のこ》した霊界の風景

日本の神霊研究の第一人者であった初代隈本確は、あの世の風景についても若干ながら書き遺しています。

自分自身の霊界探訪や知人の霊界通信によって得た知識を文章にしています。初代は、まさに天界に入られ、現実に霊界の風景を目にしております。霊界についていろいろな意見を送ってきておりますが、それについては別な機会にお伝えいたします。

ただ初代は生前、私に語ったことがあります。

「霊界の風景を知りたいという人たちの気持ちのほとんどが単なる興味本位である。霊界の風景を知ったところで、現界の修行にも、霊界の研究にも直接有効に働くということはない。むしろ、荒唐無稽、眉つば話と受け取られかねないから、あまり霊界の話は真剣にすべきことではない。一生懸命語れば語るほど、滑稽に聞こえるから、あまり話さないほうがよい」

このように私に言い遺《のこ》しています。

初代が生前書き遺している文章によれば、初代の手によって天界上げの儀式を行ったYさんという人の霊界生活に興味を持って、初代自身、自分の魂を霊界に送ってYさんの生活を見聞したというのです。

そこで初代が目にしたのは、果てしなく続く平野に見渡す限り続く花の群落があります。その中ほどを大きな川がゆったりと流れています。その川には船が浮かんでいます。船の上では白装束の女神や男の神の楽しげな宴が盛り上がっています。妙《たえ》なる雅楽の音が流れ、人々は笑い興じています。川の流れは、現界の川と同じように、川上、川下の流れがあるのですが、船頭のいない船は、不思議にも川上に向かって手繰られるように滑っていくというのです。

「現界の風景を見慣れている私にとって信じられないようなのどかで美しいものだった」と、初代は私に語ったことがありました。

霊界探訪に来た初代の元へYさんがやってきて、初代に語ったといいます。

「おかげさまで、私は毎日毎日、楽しく過ごしています。私は人間界で暮らしているときは、死んだらまた人間界に生まれ変わりたいと考えていましたが、今となっては、あの汚れた人間界に戻りたいとは少しも思いません。あなたも、早く喜びに満ちた神の国にいらっしゃいませんか」

初代はその言葉に対して「私はまだまだ、人間界でしなければならない仕事がたくさんあります。私の仕事がすべて終わって、大霊界の定める寿命がやってきたときに、神の国に来るでしょう」と語って霊界のYさんに別れを告げたそうです。

初代が私に語ったように、このような霊界探訪記は、日常生活の常識のらち外にあることなので、眉つばだと思って聞く人がほとんどでしょう。

初代は「なるべくこのような話はしたくないが、私の霊魂は実際に美しい霊界の風景を見てきたのだ。しかし、これ以上の話をしても信じる人はいないかもしれないな」と私に語りました。

天界と地獄の私の解釈

天国と地獄という考え方は、キリスト教、仏教など宗教的な教えが反映されています。宗教的教えの天国と地獄は、救われた人、悟りを開いた人は天国に行き、煩悩に振り回された人が地獄に堕ちるというように説かれています。

仏教では極楽をどのように考えているのか、一つの例として考えてみましょう。仏教の極楽の教えは「阿弥陀経」というお経の中に記されています。

《門は七重の宝石で飾られている。極楽にある宮殿は金銀を初め、いろいろな宝石が散りばめられている。一口飲めば、さまざまな功徳が現れる聖水が湧く池があり、池の底には金の砂が敷き詰められている。池の周りは金銀のほか七種類の宝石や玉によって回廊が巡らされており、その上には光り輝く楼閣が建っている。池には、牛車の車ほどある大きな蓮の花が咲いている。花は芳香を放ち、花の色は、青・黄・赤で、あざやかに光り輝いている。空からは美しい音楽の音色が響いてきて、曼陀羅華《まんだらげ》の花が降りそそいでいる》（著者意訳）と綴られています。

やたらに金銀や宝石が出てくるのが気になりますが、とにかく極楽というところは、光と華やかさに彩られた夢のような場所として描かれています。

この極楽の教えの背後にあるのは、死は怖いものではないということを教えているわけです。仏を信じ、阿弥陀経を唱え、心から帰依すれば死して極楽が待っているのですよと教えているわけです。

また、地獄というのは、宗教的には現世での悪業の報いを受けて堕とされる苦しみの場所をいうわけです。仏教の教えは「地獄極楽」であり、キリスト教では「天国、地獄」と呼ばれています。仏教では地獄のことを梵語《ぼんご》で「ナラカ」と呼び、漢字では「奈落」という文字が当てられています。「奈落」とは現代の言葉では、果てしなく堕ちる深いどん底のことです。

仏教では地獄の種類が幾つかに分けられています。荒唐無稽な地獄絵図ですが、知識の一つとして知っておくのも悪くはないでしょう。

《地獄の種類と内容》

等活地獄《とうかつじごく》：現世で殺生したものが堕ちる地獄。亡者同士が鉄の爪で傷つけあって争う。肉はそげおち、骨になるまで戦うが、羅刹《らせつ》というインドの悪神が棒や刀で襲いかかり、亡者は死んでしまうが、やがて生き返り同じ苦しみを味合う。苦しみは果てしなく続く。

黒縄地獄《こくじょうじごく》：現世で盗み、殺人をしたものが堕ちる地獄。亡者は熱く焼けた鉄板の上に伏せされられ、黒い縄で筋をつけられ、材木を切るように斧や鋸《のこぎり》で切り刻まれる。また、熱湯のたぎる釜に投げ込まれて煮られる。苦しみの度合いは、等活地獄の十倍といわれる。

衆合地獄《しゅうごうじごく》：殺生、盗みに加えて邪淫を犯したものが堕ちる地獄。山と山の間に追い込まれると、両方の山が迫ってきて押しつぶされる。また山の上に美女がいて、女を目がけて男が登っていくと、山の木の葉は刃になって全身傷だらけになってしまう。

叫喚地獄《きょうかんじごく》：殺生、邪淫、大酒、妄語《うそつき》の罪を犯した者が堕ちる。熱く溶けた銅を口から流し込まれると、体の中が焼け爛れる。体の中に虫が入り込み、骨や肉を食い破る。

大《だい》**叫喚地獄**：叫喚地獄と同じような罪を犯した亡者の堕ちる地獄であるが、「大」という文字がついてるところをみると、罪の大きさが単なる叫喚地獄より大きいということなのであろう。真赤に焼けた針で口を縫われたり、舌を抜かれたりする。舌は抜かれたあとにすぐに生えてきて、またも抜かれる。果てしなく苦しみが続く。

焦熱地獄《しょうねつじごく》：殺生、盗み、邪淫、飲酒、妄語、邪見（間違った考えに固執）の罪を犯したものが堕ちる地獄。説明では今までの五地獄より苦しい地獄とされている。地獄の番人の焼け爛れた棒で串刺しにされ、肉団子にされる。

大焦熱地獄：この地獄にも「大」の文字がついている。焦熱地獄の罪に加え、仏に仕える者を殺したものが堕ちる地獄との説明がある。鉄の熱湯をかけられ、鉄とともに焼けて溶かされてしまう。余談だが、この地獄の教えを逆手にとって、罪を犯して逃げている犯人や、戦に破れた落ち武者は、僧侶に変装して逃げ延びた。追っ手は僧侶を殺して地獄に堕ちてはかなわないと手を出さなかったという。

無間地獄《むげんじごく》：地獄の中の最下層で、すべてが火の中である。周りは火の海である。仏門に携わるものが今まで述べてきたような罪を犯して堕ちる地獄。

八寒地獄《やかんじごく》：今まで述べてきた地獄は、八熱《やねつ》地獄で身を焼かれる苦しみであるが、それに対して八寒地獄というわけだが、教えを説く人が寒さについての認識が浅く、具体的な説明がない。氷の中に閉じ込めるというような地獄なのだろうが、はっきりとはわからない。
他に血の池地獄などが述べられている。

以上が仏教の教えとして描かれている地獄です。実際にこのような地獄が存在するとは考えられませんから、因果応報の教えを説くための教訓と考えられます。因果応報の意味は、人間の行いには必ず結果がついてまわり、それにふさわしい報いを受けるということです。現世で犯した悪業によって地獄に堕ちると説いているわけです。

極楽の教えにしても、悟りと往生による安らかさを説いて、その結果、安楽な世界に入っていける信仰の幸せを教えているわけです。

霊学的思考法、すなわち私自身における極楽、地獄というのは、あくまでも高級霊、低級霊の分類によります。すなわち救われた霊か迷える霊かという区分です。天界入りをした霊は極楽へ至る道を歩み始めたということです。

すでに前述しましたように、守護神や守護霊に導かれて霊界入りした霊は、霊界において天界へと向上するための修行に入ります。霊界にはさまざまな修行の段階があります。神の座に近い霊界は、清浄と安らぎと歓喜に満ちた世界です。柔らかい光とほのかな温も

霊学的にみた天国と地獄の姿
霊学的にみた「天国」

守護霊に導かれた霊たちが、より高いレベルをめざして修行する。明るく、美しく、清らかな世界。

霊学的にみた「地獄」

天界への道を閉ざされた低級霊が、現界と霊界のはざまで人間への憑依を目論み、さまよう世界。

りに満たされた空間が広がっています。時空を超越した歳月が悠久の彼方へと流れていきます。かつて人間界で悩み苦しんだ日々は魂の中に片鱗とて残っていません。ただ神としての使命に目覚める日を待っているのみです。

これこそが現代的極楽（天国）のイメージなのです。

そして地獄とは、天界道をたどることのできない低級霊の姿です。天界へ上りたいのに、大霊界の法則によって、その道を閉ざされた不幸で哀れな低級霊。低級霊は、幽界と現界の通路を往ったり来たりしながら、現界で波長の合う人間を見つけては憑依します。唯一天界に入れるチャンスは人間への憑依によってしかないからです。

霊学的に地獄というのは、幽界と人間界をつなぐ冷え冷えとした通路を、救いを求めて右往左往する低級霊の姿といえるでしょう。その通路は陽も射さず、冷え冷えとしており、得体の知れないしめりによって濡れています。

低級霊は人間界の孤独感、悲壮感、焦燥感に似た想いを抱えて浮遊しています。いつまでも救われない霊は、あきらめの中でますます暗くなっていく奈落へと堕ちていき、狂霊や邪霊となって人間に害を与えるようになります。それが霊学的にいうところの「地獄」の姿です。

清浄と安らぎに満ちた天界と比べて、地獄の暗鬱《あんうつ》な様相は、背筋が寒くなるほどです。

まさにそれこそが地獄たるゆえんなのです。

地獄は霊学的には自縛霊、浮遊霊、狂霊などが渦巻く低級霊の世界です。そんな地獄に堕ちないためにも、神霊（心霊）への感謝を忘れずに精進することが大切なのです。

あとがき

貴重な時間を割き、拙著をお読みいただいたことを著者として心より、御礼申し上げます。あなたに私の本を手に取っていただいたのは、守護神の導きと考え、このご縁を大切にしたいと考えています。

苦しいとき、つらいことに出会ったときは、私のことを思い出していただき、どうか気軽にご相談ください。誠心誠意、真心こめてお応えいたします。

本書は、日本神霊学研究会の第二代会長に就任して二冊目の著書です。まだまだ研究途上の問題が山積しております。これからも、よりよい霊的人生を過ごすために、いろいろと提言し、僭越ながら啓蒙の書を刊行してまいります。私とともに手を取り合って、悔いのない人生を歩んでまいりましょう。

なお、本書をお読みになったご感想をお寄せいただければ、望外の喜びとするところでありますす。ご感想、ご意見は今後の活動、執筆の参考にさせていただきます。

なお、ご連絡の場合は左記宛にお願いいたします。

著者　隈本正二郎

日本神霊学研究会長崎聖地（本部）

〒856-0836　長崎県大村市幸町二五番一九三

電話（〇九五七）五二―五一五一（代表）

日本神霊学研究会東京聖地

〒141-0022　東京都品川区東五反田五丁目二八番五号

電話（〇三）三四四一―四〇八一（代表）

［著者プロフィール］

隈本　正二郎（くまもと・しょうじろう）

1965（昭和40）年、長崎市に生まれる。父、隈本確と同様、少年時代より数々の霊的体験をもつ。20歳の頃より日本神霊学研究会の初代会長隈本確のもとで神霊能力者の修業を重ね、神霊治療の実践と研究を行ってきた。現在は、初代会長隈本確の跡を継ぎ、日本神霊学研究会の会長を務め、神霊治療と若き神霊能力者の指導・育成にあたっている。著書に『神と霊の力―神霊を活用して人生の勝者となる』（展望社）がある。

神秘力の真実

超神霊エネルギーの奇蹟

2016年6月1日初版第1刷発行

著　者　隈本正二郎
発行者　唐澤　明義
発行所　株式会社 展望社
〒112-0002
東京都文京区小石川3丁目1番7号　エコービル202号
電話　03-3814-1997　Fax　03-3814-3063
振替　00180-3-396248
展望社ホームページ　http://tembo-books.jp/
印刷所 製本所　株式会社ティーケー出版印刷

ISBN978-4-88546-314-3